民生大讲堂

丛书主编 周运清

三吧也是我的家

曾亚林 编著

WUHAN UNIVERSITY PRESS
武汉大学出版社

图书在版编目(CIP)数据

三吧也是我的家/曾亚林编著．—武汉:武汉大学出版社,2007.4
民生大讲堂/丛书主编:周运清
ISBN 978-7-307-05509-4

Ⅰ.三…　Ⅱ.曾…　Ⅲ.闲暇社会学—研究
Ⅳ.C913.3

中国版本图书馆 CIP 数据核字(2007)第 046767 号

责任编辑:郭园园　　责任校对:程小宜　　版式设计:詹锦玲

出版发行:**武汉大学出版社**　(430072　武昌　珞珈山)
(电子邮件:wdp4@whu.edu.cn 网址:www.wdp.com.cn)
印刷:湖北恒泰印务有限公司
开本:950×1260　1/32　印张:6.625 字数:150 千字　插页:1
版次:2007 年 4 月第 1 版　　2007 年 4 月第 1 次印刷
ISBN 978-7-307-05509-4/C·178　　定价:18.00 元

内容提要

有人说进网吧是空虚无聊，进酒吧是沉沦颓废，进咖啡吧是装深沉。一直以来，人们视网吧、酒吧和咖啡吧为洪水猛兽并望而却步。本书围绕三吧，从社会学的角度，以平民化的语言和贴近生活的材料，告诉大家如何以一种乐观、开放、大方和积极的心态去面对、看待网吧、酒吧和咖啡吧。网吧、酒吧和咖啡吧并非洪水，亦非猛兽，看了本书，你将对网吧、酒吧和咖啡吧有一个全新的认识和领悟，将有助于你提升生活质量，完善生活方式。

内容提要

总序：悠悠万事，民生为大

“民生”一词最早出现在《左传·宣公十二年》，所谓“民生在勤，勤则不匮。”这里的“民”，就是百姓的意思。而《辞海》中对于“民生”的解释是“人民的生计”，是一个带有人本思想和人文关怀的词语，话语语境中显然渗透着一种大众情怀。

民生问题是社会进步和政权兴替的关键。中国自古以来就将“民生”与“国计”相提并论，民生问题一直与国家发展存在着不可分割的关系。儒家治国理政思想的核心是“民惟邦本，本固邦宁”。《管子·霸业》指出：“以人为本，本治则国固，本乱则国危。”《左传·庄公三十三年》强调：“政之所兴，在顺民心。”这些论述，无不反映了古代先贤对民生问题的重视。

然而，漫长的封建社会，虽说有“文景之治”、“贞观之治”的升平时期，但总体上经济凋零、民生蹙迫，社会动荡不安。半封建半殖民地社会，中国人民深受三座大山的压迫，更是民不聊生，怨声载道。新中国成立后，中国人民站起来了，政治翻身，经济改善，但在“以阶级斗争为纲”的年代，温饱仍是一个长期困扰着全国人民的大问题。

历史证明，只有代表民意，倾听民声，关注民生，把解决民生问题放在首位的政权，才能得到人民的拥护，才能长治久安。在中华民族的历史长河中，真正把民生问题提上议事日程的历史时期，是新中国成立以后，特别是改革开放以来。邓小平同志明确提出：要把是否有利于提高人民生活水平作为判断是非得失的重要标准，强调一切政策的出发点和归宿始终要看“人民拥护不拥护”、“人民赞成不赞成”、“人民高兴不高兴”、“人民答应不答应”。江泽民同志提出的“三个代表”重要思想强调要“代表最广大人民的根本利益”。以胡锦涛同志为总书记的新一届领导集体明确提出了以人为本、立党为公、执政为民的理念。胡锦涛同志明确指出：“坚持以人为本，就是要以实现人的全面发展为目标，从人民群众的根本利益出发谋发展、促发展，不断满足人民群众日益增长的物质文化需要，切实保障人民群众的经济、政治和文化权益，让发展的成果惠及全体人民。”2006 年 4 月在美国耶鲁大学的演讲中，胡锦涛同志还指出：“今天，我们坚持以人为本，就是要坚持发展为了人民、发展依靠人民、发展成果由人民共享，关注人的价值、权益和自由，关注人的生活质量、发展潜能和幸福指数，最终是为了实现人的全面发展。”他明确地把“保障人民的生存权和发展权”列为“中国的首要任务”，提出：“我们将大力推动经济社会发展，依法保障人民享有自由、民主和人权，实现社会公平和正义，使 13 亿中国人民过上幸福生活。”这些论述明确地把发展观落实到人民的生存、发展等基本民生问题上。

所谓民生问题，即有关国民的生计与生活问题。孙中山曾将民生问题概括为衣、食、住、行四要素。而这四要素的具体内容是随时代的发展而发展的。改革开放初期，民生问题主要是城乡居民的衣食之忧，解决当时的民生问题也主要是解决人民的吃饭穿衣问题，解决温饱问题。改革开放以来，经过 20 多年社会经济的快速发展，我国相当一部分城乡居民进入了小康生活，他们面临的突出问题便是如何更好地满足新的物质和文化需求。有评论指出，同计划经济时代相比，现时代更显露出教育作为民生之基、就业作为民生之本、收入分配作为民生之源、社会保障作为民生之安全网的重要性。当今时代，既是我国加快发展的重要战略机遇期，也是积极化解和应对经济运行中积累的矛盾的重要时期，民生问题是这个时期面临的大课题。事实已经证明，民生问题解决得愈好，民心就安顺，经济就发展，社会就和谐，全面建设小康社会的奋斗目标就能如期实现。

今年春天，中央1号文件把农村、农民问题提到史无前例的高度，保护农民种粮积极性的一系列举措不仅仅保证了粮食安全，也维护了广大农民利益。三年逐步取消农业税，这表明千百年来的皇粮国税，要在我们共产党手里把它们永远废除。农民不仅可以务农增收，还可以自主择业进城务工发展。为了维护农民工的合法权益，各大中城市正在从改善农民工子女入学、廉租房和工资维权等方面作出妥善安排。近年来，政府关注的社会就业和再就业、县乡公路改造和畅通工程、城镇社会保障和农村扶贫、农民失地和城镇拆迁补偿安置、食品安全、公共卫生服务体系建设和重大传染病地方病职业病的防治、城市环境和城乡居民安居工程等方面的问题，件件关乎民生顺乎民意。

胡锦涛总书记在2007年元旦新年贺词中指出："我们将按照经济社会又好又快发展的要求，着力调整经济结构和转变增长方式，着力加强资源节约和环境保护，着力推进改革开放和自主创新，着力促进社会发展和解决民生问题，推动经济社会发展切实转入科学发展的轨道。"他说：中国全面落实民生工作，全力建设社会主义和谐社会，必须从"四个着力"入手，其中之一即全面落实民生工作。随后，他在几个基层走访调查中也明确表示，中国老百姓的利益才是首要任务。温家宝总理在苏北调查中，特别了解农民可以从每斤大米中获利多少钱，强调国家就是要让农民得到实惠。这是中央明确发出的信号：中华民族迎来了老百姓期待的实实在在的“民生年代”！

进入民生年代，我们推出“民生大讲堂”系列丛书，旨在以老百姓的衣食住行为本，用社会学视野透视民生问题，提升民生质量。透过“民生大讲堂”，我们期待经济持续稳定增长，教育收费趋于合理，住房价格不要疯涨，就业难问题大大缓解，医改更加惠民，物价更加平稳，心灵更加阳光，社会更加和谐。“民生大讲堂”祝愿老百姓从期待“民生年代”到“共建共享”。

周运清

序　言

新东方尽管做的是语言教学，但真正促使新东方成功的一直是新东方的精神和育人理念，一种奋发向上、追求卓越的精神，一种从平凡中追求伟大的精神，一种从挫折和失败中追求成功和辉煌的精神。正是这种精神使得无数的年轻学子来到新东方去追寻他们的梦想。

近几年来，为什么会有“马加爵事件”？为什么会有“虐猫事件”？为什么大学生自杀会成为“问题”？在我们强调素质教育的今天，我们的学生实际上学到了什么？我们的一些学生缺乏的并不是知识和技能，他们不缺专业、不缺学历，缺少的是对人生的正确认识和态度，是对社会的了解、参与、融入和调适能力，是对生命的热爱和对民生的关爱。

周运清教授一直致力于研究社会学，是武汉新东方青少年道德教育与权益保护研究中心的顾问，对青少年的道德教育和健康成长有深刻的研究。在2007年“民生年”推出周教授主编的这套系列丛书，给现在中国并不成熟的素质教育注入了新鲜的血液。我们知道，除了书本知识，还有对孩子们更重要的社会知识！能够传承和延续千年的不仅仅是专业技能，更重要的是正确的人生态度，是健康人格和人文底蕴，是创新思维和奉献社会的精神，这也是新东方的育人理念。我们只有把这些素养和知识技能结合起来，才能够培养出社会主义现代化建设所需要的人才。国以才立，政以才治，业以才兴，品德与素养的培养是人才的根本。

新东方教育科技集团董事长　俞敏洪

2007 年 3 月 10 日

目　录

网吧,自它诞生之日起,就似乎注定要背负诸多无法摆脱的指责与口水。一提到网吧,人们总是难免把它与无证经营、未成年人上网、欺骗、火灾、成瘾、荒废学业等字眼联系在一起,尤其是在青少年成长话题方面,网吧几乎成了罪恶之源。可是,网吧的形象真的就只能如此糟糕吗?黑客,一个令人讨厌的字眼。但当黑客把技术运用到防黑时,性质完全改变。黑客和防黑专家的成长将告诉我们网吧本身并不带有原罪。

农民问题是中国的大问题,农村发展是中国发展的关键。天津市2006年将在西青、北辰、汉沽、津南、武清等地建立100家“农民网吧”。通过“农民网吧”,天津农民足不出户就可以了解各方面的致富信息,上网农民还可实现互动,现场发布农产品生产和销售信息,并进行网络交易。网吧让农民看到了新的希望,让农村找到了经济腾飞的新支点。

博客简单地定义,就是网络日志,即在网络上,按照日期排列内容的一种笔录形式。中国最早出名的博客是木子美的日笔《遗情书》,现在最牛的博客是徐静蕾的明星生活流水账。伴随着与博客相关的一系列新闻事件的高潮迭起,我国博客规模预计2006年内将达到6000万。拥有自己的博客成了网民们的时尚,其火爆程度甚至超过了几年

前　言

长期以来，人们对三吧（网吧、酒吧、咖啡吧）并没有什么好的印象，太多的负面新闻总是跟三吧联系在一块。蓝极速、未成人少年、荒废学业、离家出走、沉溺于游戏，一连串字眼是大多数人对网吧的理解。不伦不类、颓废沉沦、疯狂与麻醉是许多人对酒吧的第一描述。至于咖啡吧，虽然不像网吧、酒吧那样黑暗，但人们总觉得它过于高雅，且高雅中还带有一种说不出的暧昧，非一般人能进入，能进去的都是不一般的人。

诚然，人们可以举出很多活生生的例子来告诫自己和朋友"远离三吧（网吧、酒吧、咖啡吧）"。但是，我们在"远离三吧"的过程中也将失去很多很多。比如，玩游戏是许多人"远离网吧"的原因之一。人们天真地认为远离了网吧就远离了游戏，生活就会变得更加美好。可是，与之同时，我们扼杀的不仅是自己的游戏之心，更重要的是我们失去了一个进入前沿职业的机会。因为与网络游戏紧密联系的网游、电子竞技已成为一种新兴产业和职业。你可曾想到，"玩也是一种职业"。再如，一提到酒吧，人们总把它与颓废、空虚联系在一起，可是当我们发现周围有太多我们熟悉的人，像张惠妹、迪克牛仔、齐豫、周华健等，都曾经有过酒吧经历时，我们却又对酒吧有了另一番感觉。再说咖啡吧，许多人想到它，总觉得可望不可及，觉得进咖啡吧的是不一般的人，一般的人是进不了咖啡吧的。但当我们发现现代人越来越倾向于在咖啡吧里释放自己，减轻生活压力时，我们又何曾不想去咖啡吧解放一下自己。

其实，在现代社会，过于关注事物的负面影响和消极性，并不是一件什么好事。因为任何事物的存在都会有好的一面，也有坏的一面。关键在于我们自己以何种心态去面对。“塞翁失马，焉知祸福”。很多事情只要我们换一个角度去看问题，其结果却大相径庭。

本书取名为《三吧也是我的家》，实际上是围绕三吧，从社会学的角度，以平民化的语言和贴近生活的材料，告诉大家如何以一种乐观、开放、大方和积极的心态去面对、看待网吧、酒吧和咖啡吧。网吧、酒吧和咖啡吧并非洪水，亦非猛兽。在这个越来越追求生活质量和提升生活品质的时代，我们希望通过本书的讲述能让大家对网吧、酒吧和咖啡吧有一个全新的认识和领悟，有助于大家提升生活质量，完善生活方式。

追求生活要的不是逃避，而是理性。

享受新生活——网吧生活N种模式

网吧，是一个在虚拟世界中找寻或隐藏我们真实自我的地方；网吧给我们带来了像雾像雨又像风的朦胧距离感；网吧生活让浮躁困惑的现代人拥有人群的归属感和悠闲的自由，让我们流连忘返。不经意间，网吧已经成为生活中的第三地，一个都市自由港。网吧生活也已经演绎出N种模式，在这个信息时代，你享受了吗？

网吧生活模式——现代生活的选择

有什么样的社会经济就会产生什么样的社会文化，中国经济的飞速发展大大加快了社会运作的速度，在这个快节奏的社会里，就这样理所当然地经营起了“快餐文化”，其精髓就是“方便、快捷”。

那么我们的居民们又是怎样在这快节奏的时空里设计和享受自己的闲暇生活呢？旅游有了旅游团，交了钱，一切就都不用自己过问了；吃饭有了快餐店；喝茶有了茶室，花上几块钱想坐多久就坐多久；有了电脑，查资料、购物都不用出房门了；过去逢年过节，每家每户都是忙完了初一忙十五，可现在不一样了，越来越多的人就连年夜饭都由餐馆代劳了。

社会越进步，对青年人的要求就越高，压力也就越大。就拿近年来中央下达文件要求学校给学生解压来说，足以证明。

当然事情总有方法“解决”，面对压力，每个青年人的解释方法不同，解决问题的方法也就不同。有人选择了上网，在这个虚拟的世界里，谁都用不着戴面具，人与人之间可以毫不保留地诉说心声。

Internet，这个词，在人们对比尔·盖茨的崇敬过程中，已经潜移默化为了时尚和快捷的代名词。据调查，高校生没有上过网的人为0%，上网目的为聊天的为96%，既聊天又查资料的为3%，仅为查资料的为1%。高校内均有网吧，且众多的网吧生意皆十分红火。有人对此提出了疑问：每个人每天都对着机器，人与人之间的接触少了，人情味会不会也越来越淡呢？再次，上网聊天交友，纯粹是虚幻的事情，纯粹是浪费时间。而且现在上网的大多数是在校的学生，天天泡在网吧里，用于上网的开支越来越多，网上那些不健康的东西，对孩子的成长有害而无一利。

当然这都是现在存在的问题，那么就电话做个比较，在电话没有普及以前，也曾经有人提出过同样的问题：有了电话，人跟人之间的情感世界会不会就此淡漠了呢？事实证明，电话的普及不但没有减少人们之间的交往，还更加方便了人们的交往。不论亲朋好友相隔多远，一个电话总是让人心里暖暖的。那么，再回过头来说说这个虚拟的网。在这个高科技的时代，要跟得上步伐，我们就必须懂得如何使用这个现代的工具去改造世界，改造自己的生活。有一位现代的哲人曾经说过：“没有上过网的人，是最没有知识的人。”上网已经成为了一种社会的需求。不能因为网络的反面效应，我们就断然地取缔这种事物，而最应该做的就是尽快地制定和规范这种活动的方式。

现代的人，现代的生活，有好也有坏，有欢喜也有悲哀。不同的阶层，有着不同的生活，没有谁对谁错，有的只是每个人内心的无奈。但是，相信有无奈就会有期待，更加渴望一份开怀。我们的生活也就会越过越好！

网吧生活模式之一——网游

无论你是老成持重的成年人，还是年轻热情的年轻一族，在网吧，很少有人能够阻挡网络游戏的诱惑。在网游的天地里，你可以是《倚天屠龙记》中神功盖世的张无忌，也可以是《天龙八部》里面的娇媚百变的阿紫。置身其间，你可以体验“剑侠情缘”的浪漫，也可以释放“帝国时代”的激情，网游随心所欲打造着你的虚拟人生。

网游，超越娱乐方式成为新生活

就在两年前，金山网络公司总裁张志宏从文化与中国的阶层结构两方面入手分析网络游戏产业的前景：由于现实中的某些原因，一般中国老百姓在现实中更多考虑的是生存压力；尽管中国人口基数大，但中国的社会结构是金字塔形，或有闲或有钱或两者兼备的人为数不多，而游戏正是为那些有钱有闲的人提供的，游戏心态也为他们所具备。也就在那时，网络游戏的金矿正在被开采出来，时机稍纵即逝。在单机版游戏时代领先的金山正是因为有了两年犹豫才在网络游戏（简称“网游”）落后，以致后来有人假设：如果金山与盛大同时进军网游，那么网络游戏的历史可能重写。

但时间仅过去两年，互联网发展之快超出了所有人的意料。网游产业从无到有，发展成为市值25亿元人民币的产业。2000年，在网络寒冬时，陈天桥拟将盛大出手，竟然无法找到买家。仅过两年，陈天桥凭借韩国二流游戏“传奇”起家进而在2003年跻身“中国大陆百富榜”10强，游戏“传奇”创造了他的个人传奇。由他代理的“传奇”游戏同时数百万人上线，形成了一个不折不扣的网游社会。

事实上，张志宏也对他的理论进行了修正。中国人不缺游戏心态，但他们更擅长造梦，网络游戏的世界与曾经武侠小说世界一样，是一个江湖，江湖是成人的童话，是一个造梦的地方，这种心理不期然地令网络游戏得以迅猛发展。

“他遇到的是全身的伤痕、是孤单的长途，以及愈来愈真切的渺小感。”台湾作家张晓风所言正在成为不少人的经历，他们也许被视为“弱势群体”，将梦想寄托于虚拟社会。一些理想对于现实中的一般人而言，是一个“千秋万载，一统江湖”的美梦。这个梦有很多小说人物武侠人物做过，但现在，许多网络游民也正做着这个梦，因为网络游戏给了他们实现这个梦想的平台：在网络世界中，没有绝世神功的我们一样可以快意恩仇，纵横江湖。

于是，网络游戏适时而生，它给平凡人生以“意淫”的权利，网游其实是“意淫”的工具，我们的力量在网络江湖中得到了无限放大，我们的愿望在网络江湖中得到了满足。

在网络游戏中，参与者是实实在在的人，但不是通过语言、工作等方式接触的人，而是通过网络游戏接触的人，接触方式的不同使网络游戏里的江湖人更具神秘性，更具想象的空间。与枯燥的现实相比，这样的江湖更具吸引力。

有人的地方就有江湖，这个江湖中一样包含着人性中的情与欲，因而就有了算计，就有了因网游而出走的少女，就有了盛大门口的自焚事件，有了南京街头精神分裂者……这些都不是网游的错，错在人性。

俨然一个真正的国民社会

2006年初，一条关于“网络婚姻”的新闻在网上网下引起轰动：一位男孩在网络游戏“疯狂坦克”中认识了一位女孩子，两人在网上结识之后决定结婚，并在网上刊登结婚照，“小两口”还在网络游戏中度蜜月、领养孩子。两人都是在读初中学生，网上生活与学校里两点一线的生活相比，不但“传奇而且丰富”。报道说，两人曾逃学达1月之久，就为在网吧里体验“二人世界”的温馨。

网络游戏与现实生活的这种相似性吸引了众多游玩家。而游戏厂商为增加虚拟的网络游戏的吸引力，增加了更多的现实性，造就“戏如人生”的效果。在很多网络游戏中都可以虚拟同居、结婚、度蜜月，甚至领养孩子。

这种虚拟性甚至吸引了一些中老年人的参与，他们更多的是寻求一种心理诉求。中老年人玩网络游戏有两种情况：发泄情绪，缓解生活压力。中年人的生活压力很大，经常遇到一些不顺心的事，却没有发泄的地方。网络游戏虽然是虚拟世界，但可以不见面就能倾诉苦衷。

正是这种虚拟性和现实相似性的结合，造就大批网民变身为“游民”。据IDC《2003年中国网络游戏统计报告》显示，中国8000万网民中，网络游戏玩家人数达1000多万。1000多万相当于一个中等国家的人口，俨然一个真正的国民社会。预计到2007年，玩家将达4180万，接近意大利的人口总数。

仅盛大就汇集了超过百万的“网游国民”。在这个社会里，人们不是谈论出国、留学、求职以及现实生活的一切，而是拥有什么样的装配、是多少级的玩家；在这里，身份的高低不是金钱多寡、职位高低，而在于你是大侠还是菜鸟。

而现实世界中的游戏规则并非常人所能颠覆，网游王国里的规则更易达到人们心目中的理想状态。因而，当一个人对你说着“装备”、“大侠”、“练功”这些你听不懂的名词时，你不要以为他来自另一个世界，他来自网吧，只是刚刚玩过“传奇”或其他网络游戏。

碰撞现实生活

笔者在一网吧中对20多位正在玩网络游戏的少年调查后获知，竟有18位曾经在网上“结婚生子”，其中有14～16岁之间的少年。网络游戏在网上流行的同时，网游生活已经逐渐转移到了网下，并对人们现实生活产生了越来越大的影响。首当其冲便是青少年对于网上生活方式的模仿。事实上，网上同居、恋爱甚至血腥的暴力都有可能被现实生活中的青少年们所复制。当一位母亲知道女儿在网上结婚生子之后，接下来的担心就是孩子会不会在现实中模仿学习。

心理学研究结果显示，青少年本就具有模仿的冲动，网络游戏在利用这种冲动吸引玩家的同时，给了青少年玩家模仿的机会。更为重要的是，青少年对成人世界充满向往，而很多网络游戏描述的是成人的生活，这更给了他们模拟的冲动。

据IDC的调查报告显示：中国有超过80%的网民为青少年。网游国民的群体模仿给现实世界带来了相当大的冲击，因网恋而早恋、在网游世界恋爱后离家出走的新闻屡屡见诸报端。这些不被社会接受的另类行为引起了全社会的反思；而网游作为载体，引来越来越多的道德问责。

有人对四川省某县进行调查后获知：2003年下半年因上网离家出走的少女达26人，均为初三以下年级学生。被公安局截获19人，其中两人在越南被公安干警抓获。这引起了学生父母的不满，甚至出现将网吧与游戏厂商告上法庭的官司。

与青少年对成人世界的期待不同，中老年人迷上网游多为现实生活的枯燥和麻木。作为成人，希望实现的东西太多，能实现的东西太少，网游给了他们逃避现实的机会。与青少年一样，网络世界能给他们一个网游国民的身份，能给他们一个大侠的称号，但现实却无能为力。

网络游戏对现实生活的碰撞还不止于此。2006 年 3 月 31 日，一名叫“罗琪”的男子拎着一瓶汽油手持打火机，恶狠狠地冲进位于上海浦东华融大厦的盛大网络公司总部，声称该公司的游戏看管没收了他花费近万元的“虚拟装备”，要求公司恢复“装备”。交涉未果，罗琪将带来的汽油往自己身上浇洒，并点起了火。后经抢救，虽未伤及性命，但其脸部、手部均受到伤害。这起玩家“自焚”事件更凸显出网游世界因制度缺失而对现实生活造成的巨大冲撞。

绿色网游引领交际时尚

网络游戏从诞生至今一直笼罩在暴力、色情的灰色阴影下，甚至成为影响青少年身心健康的“罪魁祸首”。但是，随着以休闲、内容健康为特色的“绿色网游”纷纷面世，很多工作繁忙的中年人也开始改变对网络游戏的偏见，甚至对休闲类网络游戏爱不释手。

有专家分析，玩网络游戏在一定程度上能减轻都市人紧张的工作情绪、缓解压力，并有望成为一种时尚的交际方式。如今，不少益智类游戏已成为同事之间、上下级之间沟通关系的桥梁，甚至吸引了一些商界人士在网上相约打牌、下棋。

一直以来，网络游戏中暴力、色情等内容的负面影响让社会各界备受困扰。为了解决这些问题，各大网络游戏开发商、运营商纷纷改变游戏的内容和模式以迎合人们的口味，推出了大量内容健康化的休闲类网络游戏，即绿色网游。

这些休闲类网游与传统角色扮演类网游最大的区别在于采用回合制，具有阶段性，玩一盘游戏所耗费的时间一般不会超过10分钟，使玩家不必为了提升等级或者经验、金钱不断地投入时间与精力。

此外，新型休闲游戏大多改变了传统棋牌类休闲游戏中界面朴素、功能简单的通病，从游戏操作界面到音效都力求华丽，并在游戏中增加了聊天功能，让玩家沟通相当方便。记者在宏象网络推出的Game淘游戏娱乐平台上看到，其游戏大厅包括传统的棋牌类游戏、动作冒险类游戏、益智类游戏等社区游戏，人气颇旺，玩家们一边玩游戏一边聊天，甚至相约线下吃饭、出游。腾讯相关负责人也向记者表示，腾讯的QQ游戏目前同时在线人数已经超过了240万，聚集起了相当高的人气。

飞利凯睿分析师认为，绿色网游的复合年均增长率潜力高达80%，并有望在5年内抢占半数以上的市场收入份额。而根据艾瑞资讯的数据，中国网络游戏市场容量高达61亿元。分析师预计，未来体育、音乐类主题的休闲游戏将风靡中国市场。由于世界杯以及2008年北京奥运会的推动作用，体育类主题的休闲游戏得以迅速流行，竞技类的体育游戏更易让玩家上手；而音乐主题的网络游戏则更贴近生活。飞利凯睿分析师迈克表示，随着3G脚步的临近，休闲网游还将借助手机这个平台，在两三年后的无线领域迎来新的发展期。

越来越多的电子竞技运动会也开始重视休闲类项目。自2004年开始举办的全国电子竞技运动会（简称CEG）包括对战类比赛和休闲类比赛两部分，今年的休闲类比赛项目已经发展到斗地主、升级、中国象棋、围棋、五子棋以及QQ桌球六大项目。而在老牌世界级电子竞技大赛WCG中，2006“三星电子杯”中国区锦标赛不仅包括传统的反恐精英、魔兽争霸、星际争霸，也有FIFA2006、街头篮球、QQ音速这类项目，奖金与奖品价值已经超过百万元，创下了WCG的历史新高。

绿色网游吸引了更多的成年玩家，这完全改变了网游以低龄玩家为主的消费群。人们注意到，越是工作节奏快、压力大的工作岗位，绿色网游越是吸引玩家。在电视台、报社等单位，记者总是工作到深夜甚至通宵，但在工作的间隙，也总能看到有人玩一两把简单的游戏，甚至兴致勃勃地互相切磋。

小杨是一名软件工程师，每当周末加班时，她总要先玩一会儿游戏再开始工作，她说这样才能“进入状态”，而这种习惯在她工作的软件公司已十分普遍。

在机场的候机厅，穿着西装抱着笔记本全神贯注盯着电脑屏幕的商务人士并不少见，但他们也不全是在工作，笔者就曾多次遇见利用候机的空闲时间玩游戏的成年玩家。如今，无线上网越来越方便，许多“空中飞人”一样的商务人士在奔波之余也在享受网络游戏带来的点点滴滴的生活乐趣。

甚至在中年“金领”群体中，绿色网游也有市场。如今，一些商界人士已不仅仅通过高尔夫等昂贵的高端运动项目来“沟通”感情，还通过时尚的网络游戏在网上相约打牌、下棋，而这在高科技公司中更是一种紧跟时代潮流的象征。

一直以来，互联网改变着人们工作、学习的生活方式，如今，绿色网游的兴起更是改变了互联网用户在娱乐方面的生活方式。以前多数网络游戏浪费时间、操作复杂甚至低级，把许多潜在用户挡在了门外，如今随着网络游戏产品特性的改变，成年玩家更多地加入到网络游戏玩家之列，并将其推向娱乐的主流之一。有数据显示，在 2003 年，休闲游戏在网络游戏用户中的渗透率只有 51%，不及 MMORPG 用户 53% 的网络游戏用户渗透率，但到 2005 年时，休闲游戏用户在网络游戏用户中的渗透率达到了 62%，超过了 MMORPG 用户 55% 的渗透率。

有分析人士认为，绿色网游之所以能异军突起，是因为满足了市场的潜在需求，人们在高压的生活之余需要寻找能迅速减压并缓解情绪的“药方”。现代人肩负事业和家庭的双重压力，生活节奏越来越快，在业余时间需要及时舒展自己疲惫的身心。休闲游戏则正是以娱乐、休闲为定位，这类游戏不以枯燥的升级为主，而是以丰富的游戏内容和精美的画面吸引广大玩家。同时，游戏操作简单轻松，玩家们在短时间内就可以获得游戏所带来的互动趣味和成就感，将其作为工作间隙的一种调剂。

此外，绿色游戏另一个吸引人的地方在于能让玩家们在游戏中沟通。休闲游戏看重聊天功能，这样一款游戏就成了网上的交际工具。当网友腻烦了社区交友、聊天 QQ 交友后，以游戏为载体的交友形式获得了玩家的认可。

网吧生活模式之一：网聊

高度紧张、节奏如狂风的现代生活你一定有着倾诉的冲动。好吧，走进网吧，忘掉现实生活中的喧嚣，打开 QQ、MSN 或者进入某个聊天室，找个你所欣赏的 ID 的人说说话吧。在这里，你可以尽情讲述你的梦想和失望、欢乐与痛苦、成功与失败、失去和期待。或许你是轻舞飞扬，或许你是痞子蔡，你是否期待生命中有一次激情相遇？网聊可以实现你的浪漫梦想和N次亲密接触。

网来的爱情

网络聊天已成为最普遍的交友方式，恋情的发生对象往往来自好友名单。如果说，在最初网络交友年代，聊天室邂逅或者QQ随机加入好友，有着几率很大的“不靠谱”性质，随着网络交友具体划分为一个个小圈子，结交的网友便有了一定的可靠基础——或者志同道合，或者兴趣一致，或者是校友同乡，或者同养一个品种的猫，或者同开一个牌子的车。

几乎每一个人都有几个长长的MSN或者QQ名单，每个人的手机上都有几个类似于“老猫”、“卷心小面包”之类的名字，几乎每个人都经历过至少旁观过一次网恋……网友这个名字开始变得模糊，因为很多网友已经悄悄成为我们生活中的一员。

从ICQ、QQ、泡泡、雅虎通再到MSN，从语音聊天到视频聊天再到QQ，从聊天室到群聊族聊，从论坛到俱乐部，从网络游戏到博客……丰富多彩的网络生活几乎弥补了现实生活的所有乏味、单调和冗长。

正所谓有人的地方就有江湖，有江湖的地方就有爱情，网络社交的玫瑰之花就是网恋。

无论专家们说网恋多么不可靠，成功系数多么微乎其微，但是远有《第一次亲密接触》的浪漫，近有河南女子网恋波兰总统候选人并结婚的传奇，更何况眼见着身边一个个网恋修成正果的活生生实例。现在，已经没有人能够漠视这种求偶模式。

业主帮衬 弄假成真

●玫瑰，女，29岁，公司职员

大学毕业那年我网恋过，那时网络刚流行，就是QQ上随机加的，后来不了了之，现在也就是偶尔通个电话。基本上25岁之后，我就不相信网恋了，也很少去论坛、聊天室，主要没那个闲工夫。去年在南三环买的房子终于拿到手，我忙着装修，有一段时间常在小区的业主论坛上泡着。有一个住在隔壁单元叫F的男孩很热情，常报告哪里有打折建材和家具，还特别开辟了一个QQ群聊号，我自然也加入，跟他们讨论装修呀、维权呀。一次业主聚会，我见到了F，感觉他挺阳光的，只知道他是做建筑工程的，连真名也没问。聚会之后，F在QQ群聊上对我挺热情的，有一次我的装修队安装地板偷工减料，他帮我张罗了好多天，后来去建材城都是他陪我去的。这时，QQ群上的网友们也总是拿我俩开涮，我们觉得不好意思，就开“私聊”了。现在偶尔上次群聊，才发现他们已经都称F为“玫瑰老公”了。

恋情全部始于兴趣

●李蒙蒙，男，26岁，平面设计

我在网上交过三个女朋友，一个是在联众打牌的同盟，桂林人，她来了一次北京，我去了一次桂林，彼此留下美好的印象，她毕业后出国了；一个是“魔兽”玩家，我们在里面模拟情侣，上海人，半年时间我频繁飞上海，但是性格不合，也分手了；一个是在网上组建家庭，共同饲养电子小狗的模拟女友，北京人，春节期间一起出去玩过好几次，现在还在继续中，除了我们饲养的电子狗已重达200斤，一切发展顺利。

网上相亲 踏实不尴尬

●王宏羽，女，30岁，杂志编辑

近一两年来，我基本都在进行网上相亲。所谓网上相亲，就是传统相亲的网络版。自我过27岁之后，亲朋好友都开始张罗着给我介绍朋友，但是一来直接见面怪尴尬的，比网恋更容易见光死；二来没那么多时间，因此介绍了彼此情况后，就由介绍人交换双方的QQ号或者MSN，先聊着，如果聊着感觉还不错，我们就自己约见面时间。

除了身份有迹可查，其余的跟网友没什么区别。我一般先跟他聊几天，有一搭无一搭，看看只要网名起得不是太弱智，聊天不是太迟钝，就约时间见面。那种感觉跟网友见面差不多——在网聊过程中，性格爱好大体估摸得差不多，相貌个头介绍人也传达了——有点好奇，有点亲切，相亲倒是其次了。但遇到有些男士，特在乎相貌，非要你的照片看，然后又要求跟你视频，普通网友我倒是经常视频，但是以相亲为目的的网友，我比较拒绝这一点——因为我比较上相，见面怕他们失望，呵呵。

笔者（以下简称笔）：网聊交友出现很多年了，相关负面新闻一直很多，为什么在成熟白领中间却是一种很重要的社交方式？

王宏羽（以下简称王）：在现实生活中，很多年轻人的社交圈实际上很狭窄，一方面，多元化的社交方式太少了；另一方面，都市人繁忙的生活又让他们很少有空闲去体验传统交友方式，而网络的快捷和多元化恰恰提供了一个好的交友起点。

在网上，既可以实现同志（客观条件相符）交友，比如律师论坛、博士论坛等，又可以实现异志（客观条件不相符）交友，比如F1俱乐部、游戏论坛等。

笔：你认为现在网聊交友有什么新趋势？

王：年龄进一步年轻化。现在30岁左右泡过网的人，大多有过网络交友经历，而现在深夜网上聊天，进行网上交友或者网恋的人，年龄大多集中在十几岁。

笔：那你怎么看待网聊交友这种方式？

王：单身的都市人应该扩大各种交友方式，有时候网聊交友，以其最直接的心灵沟通，反而比具有功利色彩的传统交友更纯粹，也更容易心心相印。但是，在进一步深入了解中，作为交往个体，必须具备成熟、慎重的心态。

虽然与早期的聊天室和QQ交友的漫无边际相比，现在很多网络交友方式相对有人脉根基，但网络交友最大的软肋就是，相识容易相知难，因此，无论哪种网络交友，谨慎依然是重中之重。除了对本人多了解，应该尽量认识他的社交圈，包括同学、亲戚、同事以及非网络朋友。此外，在网恋过程中，自己的心态也很重要，虽然情到深处难以自禁，但是须知这种方式具有一定的虚幻和模拟性，不可用情太深，拿得起放得下，一旦结束，尽快抽身而退。

边网聊边工作

前不久公布的《2005年中国5城市互联网使用现状及影响调查报告》显示，中国网民平均日上网时间是2.73小时。据业内人士说，这个数字表明中国网民在上网时间和增长速度上都已“超英赶美”了。

熟悉互联网的人大都熟悉MSN、QQ等网络即时通讯工具。最开始，网络聊天还是作为人们倾吐心事的一种全新方式，更多出现在人们的情感生活中，但最新做的一次调查显示，这种即时通讯方式已经成为工作上沟通业务的主要方式。一边是为方便工作，另一边也为打发时间利用公司资源聊天，网络即时通讯工具的两个功能交融在一起，令人“既爱又恨”。

据智联招聘网进行的网络即时聊天调查显示：50%的受调

查者认为每天挂在MSN/QQ上的目的是方便工作交流，49%的受调查者在业务往来中经常使用即时通讯软件，包括更便捷地交换文件和沟通信息。智联招聘网高级职业顾问认为，这个调查数据说明，网络即时通讯工具已经成为现代人业务沟通的一个主要方式。

此次调查有效样本114份，受调查者年龄为20～40岁，日平均使用MSN、QQ的时间在5小时以上的达68人。从受调查者填写的行业和职位来看，处于“白领”阶层的受调查者占到90%以上。

某法律网站的人力资源总监李健告诉笔者：“原来以为员工安装聊天工具是打发时间聊天用的，没想到近一半的人通过即时聊天工具来进行业务交流，这让我感到吃惊。”

聊天工具为什么被用在工作上？受调查者认为最主要的原因是这种信息沟通方式的效率高。只要双方同时使用这个即时通讯软件，就可以在一个对话窗口里往来信息，如同当面对话。如果打电话则要经过拨号、等待等复杂过程，发送手机信息等待回复的时间长，发传真的步骤更复杂。中国互联网协会的李欲晓处长说：“企业互联网使用率相当高，从技术上说，同时使用互联网的业务双方在网络平台上沟通信息简便易行。”安装上比电话传真方便。微软开发的MSN即时交流软件已经被嵌入新的微软操作系统，只要安装办公系统就同步获得即时软件；QQ和雅虎通等软件下载安装也非常方便。互联网协会的戴先生说，从便捷这个角度上说，安装即时通讯工具甚至比安装电话和传真机还省事，费用上经济。智联招聘网的调查显示，大多数公司包月租用写字楼里的宽带系统，内部多少人连通，每个人挂在网上多久，都是一样的费用。但打电话和发传真则计次计时收费，因此用网络即时通讯谈工作更经济。

网上即时聊天可减轻潜在的社会危机。即时聊天工具成为继会面、电话甚至短信息之后的另一种日常交流方式，人们对这种方式的态度体现了人际交往的微妙变化。

从事网络传播研究的彭伟步老师说：“即时聊天工具是网络上的口头聊天，与书面交流方式相比，这种方式没有延时也更加随意；与面对面的口头交流相比，人们可以克服会面时的紧张和自卑。”

彭伟步说：“这种方式受到欢迎，说明现代人工作和社会压力大，需要一个空间来放松自己、宣泄情绪，即时聊天工具就提供了一个这样的空间。事实上，这在某种程度上减轻了潜在的社会危机。”

智联招聘网另一个调查显示，利用 MSN、QQ 完全是谈工作问题的比例低到只有 5.6%；谈论的大部分是工作关系，有小部分是朋友交流的人占 38.8%；认为客户、同事也可以谈与工作无关的问题的比例是 28.1%；大部分是朋友交流的有 27.5%。

智联招聘网的职业顾问因此认为，即时通讯工具为员工在单位办私事带来更多的便利和机会，员工在即时对话时不会绷着脸一板一眼地只谈公事，因此即时聊天是“公私难辨”。

网吧生活模式之一——网拍

在诸多的网吧生活模式中，网拍属于新鲜面孔，如佳人在深闺。但就如巴黎人当年接受艾菲尔铁塔以及纽约人接受自由女神像一样，网拍正在成为网吧生活一种新的时尚，它在丰富了网吧生活的同时也终将改变人们对网吧以往所抱有的成见。在网吧里，你可以开始你的创业之路。如果你有着创业理想，通过网吧，登录“一拍”网站，你的梦想和现实的距离将越来越近。“一拍”为创业者们提供了快速实现梦想的平台。

中国网拍市场激战正酣

姬玉文如今每周工作一次，但这却不是因为他生性懒散，而是因为他能够通过从家里登录 eBay 出售珠宝，赚到比一年前所从事的验屋工作更多的钱。

在过去的 3 年里，23 岁的姬玉文一直在 eBay 易趣中国版的圣何塞网络拍卖巨擘 eBay 上销售鞋、手机和珠宝等商品。目前，通过在网上销售商品，姬玉文每月能赚到大约 120 美元。光景好的时候，他每月甚至能赚到 400～500 美元，这一收入几乎已是上海市人均月收入的两倍。

姬玉文说：“我在网上卖和我一样的同龄人想要买的东西。比如鞋——一旦有新款上市，年轻人就想立即拥有它。”目前，他和他的父母居住在上海浦东东部地区。他说：“我无法负担得起租一个铺面。当前的房地产价格太高了，在上海更是如此。”

据中国互联网信息中心提供的数据显示，正是拥有着众多的像姬玉文这样的年轻人，才使得 eBay 能够在拥有 9400 万网络用户的中国开辟出新的市场。来自纽约 emarketer 的分析师说，预计到 2007 年，中国的互联网用户将较当前的用户总数增长一倍，达到 2 亿人。届时，中国将成为全球最大的互联网市场。

“在未来的 5～10 年内，中国可能将成为 eBay 最大的地方市场。”eBay 首席执行官梅格·惠特曼在 2006 年 5 月初北京举行的财富中国论坛上说道。eBay 目前在全球拥有 1.47 亿注册用户——在过去的 12 个月内，其中的 6050 万用户在 eBay

买过东西。在中国，惠特曼说，该公司当前每季度新增100万用户。截至到本年第一季度末，eBay在中国共拥有1160万注册用户。

但与美国不同的是，eBay在美国是当之无愧的网络拍卖业务霸主，而在中国，eBay却一直受到相当大的挑战。2003年，中国B2B电子商务网站阿里巴巴创办了淘宝网。在创办不久之后，淘宝网便成为了eBay在中国市场最大的竞争对手。2004年4月，雅虎中国携手网络门户新浪创办了“一拍”网，尽管发展迅速，但该消费者拍卖网站还是远远地落在了eBay和淘宝网之后。

为进行市场调研，同时在eBay和淘宝网上出售商品的姬玉文会经常性地逛购物商场。此外，他还订阅了数量可观的时尚杂志。他从商场购买银饰、诺基亚手机，还在一些中间人手中购买有少许缺陷的阿迪达斯、Caterpillar和其他一些品牌的运动鞋。而这些中间人则直接从南方的广东省工厂里直接得到了这些物品。

从事电子商务研究的上海复旦大学教授黄黎华说，中国网络拍卖市场的用户收入差别很大，但大部分买家和卖家都是精通计算机的大学生，或是刚毕业不久的大学生——这一代人有自己的消费品位，愿意尝试新东西。

据eBay易趣提供的数据显示，服装、化妆品、珠宝和手机是网络拍卖市场最受欢迎的产品。但不乏包括像现年20岁的电子专业学生全王孙这样，一直在eBay上出售房地产。全王孙说，他在eBay上出售了一套他父母帮他购买的小套商品房，获利整整2.5万美元。

eBay在2002年进入中国市场，当时它曾以3000万美元的价格收购了上海易趣网33%的股份。到2004年，eBay完成对易趣剩余股份的收购。这一次，它为此又支付了1.5亿美元。今年，eBay又再次宣布，为确保eBay易趣在中国的网络拍卖市场的龙头地位，该公司将向eBay易趣再次注资1亿美元。

eBay发言人克莉丝·杜雷则在去年秋天接受彭博咨讯社的采访时曾说，eBay向用户收取费用，是为了确保在其网站上销售质量更好的产品。然而，与eBay向卖主收取登录费不同的是，淘宝的服务却一直是免费的。淘宝首席执行官马云说，在向用户收取任何费用之前，淘宝的主要目的是更可能地获取市场份额。正是手握着免费这一利器，才使得在易趣成立4年之后创办的淘宝，在短短2年时间内便拥有了600万注册用户。

根据总部位于上海的市场调研公司iResearch和淘宝联合统计的数据显示，2004年对淘宝而言是飞速发展的一年。在该年第一季度，淘宝网上注册的货物总数仅占中国国内拍卖货物数量的9%，而eBay则占据了90%的份额。但到了该年第四季度，淘宝的市场份额便神奇般地上升至41%，而形成鲜明对比的是，eBay的市场份额却直线般地滑落到了53%。

戴轼贤喜欢美国饶舌音乐，并喜欢像Baby Phat和Lady Enyce这样的hip-hop明星。为成为一名打碟手，她甚至放弃了大学的学业。22岁的她从两年前开始在网上购物。去年，她开始决定在淘宝网上出售自己的旧衣服。“女人总是想买新衣服，那么你怎么处理你的旧衣服？把它们卖掉当然是一种好方式”，戴轼贤说。

尽管戴轼贤目前和她的父母在上海一起居住，开支较少，但她每个月仍花费从淘宝网上赚来的400～500美元，购买去北京的机票，与她的男友聚会。戴说，在Bay完全收购易趣，将易趣重新设计为eBay的全球统一模式之后，她便从易趣转投到了淘宝。从此之后，她便成为了淘宝的忠实拥护者，其中最主要的原因就是因为淘宝的服务是免费的。戴轼贤还表示，即便是拿过去的易趣和淘宝比较，她还是更青睐于淘宝，这主要是因为淘宝能够使她在物品出售之前，与潜在的买家通过电话、电子邮件和聊天等方式进行沟通。

eBay易趣公关经理刘伟（音译）说，eBay准许用户在其网站上相互留言，但在一位买家最后赢得出价之前，隐藏了所有的个人联系方式和信息。这种模式就需要买家与卖家通过网站进行交流，而不是直接进行沟通。

不论哪一方的用户怎么想，像黄黎华这样的专家还是说，中国的消费者拍卖市场依然不是一个人的游戏。“用户对网站的忠心不可能在一天内建立起来”，“它是逐渐被建立起来的，而不会因为一个网站收费，另一个网站不收费，就发生翻天覆地的变化。”

事实上，像姬玉文和戴轼贤都同时在eBay和淘宝上注册。他们表示，中国的电子商务用户，基本上都采取与他们相同的方式。“我依然喜欢eBay”，吹捧eBay更成熟、更安全的姬玉文说。“但我也不能忽略淘宝网上的消费者。”姬玉文说，在过去的几个月里，他在eBay销售产品的收入有所降低，但在淘宝的销售收入却开始上升。

黄黎华教授说，在中国改进消费者保护法，确保网络交易更加安全之前，eBay和淘宝中的任何一方都不可能在中国市场上取得压倒性的优势。目前，在货款支付、发货和消息误传方面双方都存在着问题。而且到目前为止，国内还没有管理网络交易的相关法律出台。她说：“在这一问题上，中国的立法者的思想还不够先进。即便是我们直接从他人手中购买物品，我们仍然也会担心上当受骗。”

当第一次使用 eBay 出售商品时，姬玉文向四川省的用户卖出了一双锐步篮球鞋，但他却没有收到货款，为此他损失了18美元。截至目前，姬玉文更喜欢向上海市内的用户出售商品，因为他认为这更容易解决人为的因素。

截至目前，eBay 还没有在中国引入其网上支付系统 PayPal。eBay 用户购买物品目前仍采用的是网络银行或个人银行转账服务。为了省钱并建立忠实的客户网，姬玉文现在开始尝试着与他的消费者见面。在消费者看上了他的产品之后，他们直接向姬玉文打电话订购产品，从而抛开了 eBay 易趣这一中间环节。而且，姬玉文还在不停地说服消费者用现金，而不是银行转账进行交易。姬玉文对他与用户建立起来的个人关系感到非常骄傲。他说："在网络商业中，信用就是一切，因此，我花费了大量的时间，在向消费者售出商品之前，表明我的产品是合法的。"

"如果我再努力一点，相信我要比大多数白领挣得还要多。我不喜欢依靠一些人工作。我想成为自己的老板。在网络里，我就是我的老板"，姬玉文说道。

调查显示 八成上班族有意利用网络拍卖"创业"

随着网络电子商务兴起，网络购物俨然成为最热门购物方式之一，而网络拍卖也成为新兴创业、兼职行业。根据1111人力银行调查显示，超过八成（82.62%）受访上班族有意在正职工作外，通过网络拍卖发展另一番事业。

据港台媒体报道，根据1111人力银行调查，有近八成四（84.04%）的上班族曾在网络购物，其中，以服饰配件（39.66%）、化妆保养品（30.80%）、图书影音软件（28.69%）这三类商品最受青睐。

上班族选择网络购物的原因,则以免出门,方便购买(62.45%)、方便比价(53.80%)、价格较一般通路便宜(41.14%)等为主。至于对网络购物的整体满意度,受访上班族平均打73.1分的普通分数。

另外,有超过四成(41.67%)上班族曾通过网络销售商品,其中九成(91.49%)利用网络拍卖平台贩售。至于上班族选择网拍的原因,则以时间自由,便于兼职(53.62%)、不用实体开店费用(47.23%)、什么都能卖(42.13%)等为主。

1111人力银行副总经理兼发言人吴睿颖表示,C2C电子商务具有低成本、低技术、低进入门槛、高自由度、高隐密性、高投资报酬率特性,加上平台业者提供完整服务,最能符合上班族兼职或创业需求。

我国台湾八成民众试过网拍

"网拍"可说是岛内计算机族的"全民运动"。根据统计,82.1%的网友有网拍经验,而Yahoo!奇摩收取交易费之后,让77.4%的网友使用意愿降低,至于喜好品项还是以计算机及其外围相关商品和服饰美妆配件为大宗。

据台湾东森新闻报道,调查的受访者中,已有82.1%的网友表示有使用拍卖平台的经验。观察其买卖行为,78.4%的受访者曾在拍卖网站买过东西,38.7%的受访者曾在拍卖网站卖过东西,可见网友的网拍经验较偏向购买行为;而未在拍卖网站上进行过交易者,仅占17.9%。主要使用拍卖平台的族群,多集中在20~34岁的网友,其中又以25~34岁的网友更倾向在网拍平台上卖东西。

在网络拍卖平台的使用率方面,调查显示具有网拍经验之网友，使用率最高的网拍平台为 Yahoo! 奇摩拍卖（96.8%），其次则为 eBay（47.2%），而九月甫推出之露天市场（前身为 PChome 拍卖），也有 22.4% 的使用率。

就整体而言，七成七的网友表示会因“Yahoo! 奇摩拍卖收取交易手续费”而降低使用意愿。针对此一网友趋向，岛内的网拍市场是否能因为露天市场的出现而改写版图，有待后续观察。

调查结果显示，针对有在拍卖网站买物品经验的受访者，其所选购的物品整体而言以“女性精品与服饰”为最多网友所购买，占 65.4%；其次为“计算机及相关外围商品”，占 57.5%。

经性别、年龄交叉分析后发现，男女网拍商品购买偏好大不同。女性较偏向购买“女性精品与服饰”（92.4%）、“美容保养或保健商品”（53.8%）；男性则较倾向于购买“计算机/外围商品”（86.4%）与“手机/通讯产品”等 3C 商品。显示由于性别偏好的显著不同，使性别在网拍市场的客群切割上，成为关键的分界点。

此外在购买倾向方面，62.4% 的网友们皆表示偏好购买全新品。但在利用网拍平台卖东西的时机方面，77.6% 的网友表示会用来作为“旧东西清仓”的工具，其次才是作为“赚钱的管道”（43.9%）。而有卖方经验的网友，曾经出售的商品以“图书杂志”（47.9%）占最多数，其次为“音乐或影片”（32.3%）。

整体而言，拍卖网站若具备“产品价格合理”的特质，最能吸引网友选择使用，占 61.4%；其次为“口碑良好”（43.5%）；卖家网友则格外重视“使用人数多”（51.6%）。以上现象显示价格依然是网拍竞争力第一要素，而评价机制亦是重要的参考指标，人潮更是促使商品上架之关键。

祖国大陆：义乌新生代　创业掘得网上首桶金

2006年6月11日上午，义乌全球饰品网工作人员正按照饰品网上批发商城的订单，忙于将价值万余元的“字形外衣链”、“复古泰银”等百余种义乌市场最新银饰品样货进行包装，准备用国际快递发往法国巴黎的零售商LUCIE。

在现在的义乌市场上，已有越来越多的青年人即使在缺乏雄厚资金的情况下，也能突破传统的生意方式，开始一种崭新的商品贸易途径——在因特网上开起了各种各样的小商品批发商店，用数千元甚至更少的费用为启动资金做起生意。他们独辟蹊径善于发掘新商机，创新了老一辈“草根”们创业方式，通过新贸易挖掘到首桶“金”。

年轻的冯标作为全球饰品网的创办者，就是义乌新生代“草根”创业者之一。早在2004年5月，看准义乌市场饰品行业在国内外影响的不断扩大，而相对应的饰品专业网站较少的现状，创办了全球饰品网。当时国内网络市场上的诸如“淘宝网”等网站才刚刚起步，作为国内网络市场上的一种全新的电子商务，“淘宝网”、“阿里巴巴”等网站的出现，当中不需中介，提供了一种全新的个人与个人之间广泛交流的平台。

最近几年，“淘宝网”经过飞速的发展已一跃成为了国内访问量最大的网站之一，“淘宝网”的成功同样让义乌的多家网上创业者大受启发。义乌网络贸易市场上也出现了一大批涉及各类小商品的专业性网上总店，如“全球饰品网”、“中国饰品在线”等。

有不少义乌的网上创业者认为，在网上进行小商品批发、开设店铺成本低、风险较小。平时只要在网上发布一些最新图文就可开始做生意，这与常规的动不动就得到商业广场、繁华街道投入巨资开店做生意相比轻松得多。现在已有不少的白领、上班族利用业余时间成为了网上店铺的小老板。有越来越多的义乌“草根”创业者，依托义乌连接国内外市场的宽广平台，做起了在家门口厂家进货，再从网上的店铺直接销售到各地的生意。

对于网上开设虚拟的批发商城、开零售店等，义乌 IT 界的专业人士认为：由于近些年网络的普及，网络已越来越多地融入到了我们的生活当中，有越来越多的年轻一族喜欢在网上直接进行购物。就网上开设虚拟商店，在控制商品流通的成本上有较大的优势，由于在此过程中节省了店铺的房租费、水电费等，售出的商品有较大的价格优势；除此之外，网上店铺由于运行灵活，像饰品、玩具、化妆品等商品款式更新快，赶得上流行潮流趋势，再加上销售网络各种保障体制的完善，网上开设小商品批发市场、网上开店铺将成为义乌商贸往来中的一支生力军。

电子竞技：与网吧一起成长的前沿职业

自2003年电子竞技正式成为体育总局批准的第99个体育比赛项目以来，电子竞技在我国已“名正言顺”，发展迅速。包括国际大赛的中国赛区、全国性比赛及各种商业赛事在内，国内电子竞技赛事已达百余种。文化部网吧产业提升计划办公室主任李伟介绍说，GOC是国内惟一经文化部正式备案批准的全国性电子竞技项目，并被列入文化部“网吧提升计划”的一部分。这个提倡“健康、绿色”游戏的电子竞技项目，是以各地文化部门登记的网吧为依托的。你可否想到，玩也是一种职业。

从网吧产业提升计划说起

2006年10月，文化部文化市场发展中心正式成立网吧产业提升计划办公室，并正式推出网吧产业提升计划。

文化部文化市场发展中心副主任梁钢介绍，网吧产业提升计划将针对目前国内网吧行业现状，网吧产业相关领域共同制定相关标准，规范整个行业的发展。

梁钢说，预估至2005年4月我国共有各类在册网吧11.3万家，网吧行业容纳了约105.6万名就业人员，年产值达到256.8亿元。虽然网吧行业具有如此巨大的价值，但其导致的负面影响也很多，如网吧目前同质化竞争严重，整体行业形象不佳，网吧连锁发展存在瓶颈，诸如此类的问题已经影响了整个行业的健康发展。

网吧产业提升计划设计了五项具体措施：一是网吧行业计算机设备品质提升计划；二是网吧行业网络游戏内容提升整合计划；三是推动网吧行业数字内容整合提升计划；四是网吧人才素质提升计划；五是推动贫困地区上网服务发展计划。

电子竞技作为网吧产业提升计划的一部分，无疑迎来了最好的发展契机，但我们对这项新兴运动又知道多少？了解多少？

从电玩少年变成运动员

苏昊、李君、王恩平……这些电子游戏世界里的高手，在陕西省社会体育管理中心主任赵湘亭的眼里，始终是一群孩子，然而，经历了一个联赛的锤炼，赵湘亭发现，这些孩子有了很大的变化。他说："他们正在从以前的电玩高手变成体育竞技选手，变成真正的运动员。其中最本质的变化就是，最初从玩中培养出的兴趣正在推动他们感悟一种敬业精神、团队协作精神和正确的世界观。"

在全国首届电子竞技联赛中，陕西队一骑绝尘，联赛半程即领先第二名 5 分之遥，最终以领先第二名 6 分的成绩提前一轮获得总冠军。没有狂欢、没有无视对手的张扬，孩子们只是面带微笑，默默地收拾着自己的鼠标和键盘，迎接着最终的胜利。赵湘亭为他们感到高兴，不只是因为总冠军，更多的是为他们的成熟。

陕西的电子竞技水平在全国应该占有一席之地，这是在国家体育总局将这一项目确定为正式开展的第 99 个体育项目并准备推出全国联赛时，陕西省社会体育管理中心对本省电子竞技发展水平的判断。因为，陕西省的62所普通高校，在校本专科学生就达50余万人，再加上全省66所民办高等教育机构和数百所科研院所，全省经常参与电子游戏竞技青少年的基数应是十分可观的。

为了将日常的电子竞技高手选拔出来，并真正在青少年爱好者中产生影响，陕西省社体中心一方面举办了声势浩大的全省电子竞技运动会，一方面动员对电子竞技较为熟悉的运营软件推广商参与进来，采取选拔与推荐相结合的方式，组成了如今未尝败绩的陕西队。

如此成绩来得并不轻松，以前就曾获得过中韩对抗赛好成绩的FIFA李君、星际王恩平，在组队之初参加的国家队选拔赛中，李君首轮即遭淘汰，绰号“负兔子”以聪明稳健著称的王恩平则被筛出前五名。

抓住这样的机会，陕西省社体中心借鉴优秀运动队的管理经验，以提高组织纪律性为首要内容，严格队伍管理制度，在联赛期间全部实行集体生活制度和训练考勤制度，队伍每天至少保证6个小时的训练，并由教练定期为队员安排与世界各地高手进行实战训练，之后再结合实战录像集体进行战术分析。

在这样的生活中，被称为中国“魔兽第一人”的苏昊感受深刻。尽管上小学时成绩非常好，玩电子游戏都是在作业完成以后，即使是这样也经常被家长从游戏机店里抓回家打。对比这样的经历，他在集体训练生活中，真切地感受着从事一项事业的郑重和严肃。

对此，陕西省社体中心主任赵湘亭认为，电子游戏曾经一度被视为洪水猛兽，关键是缺乏规范管理和正确引导，这项被青少年所痴迷的游戏成了玩物丧志的典型表现。其实，对战类游戏能够很好地培养一个人的瞬间判断力、反应能力和团队合作精神，当你认真地钻研某个游戏的时候，你才会发现游戏里面也蕴涵着丰富的哲理和逻辑，这些无形的东西也会慢慢地丰富一个人的修养。他说："我们现在加强对电子竞技运动员个人素质的培养，除了比赛的需要，也希望在他们取得好成绩之后能够对更多的未成年人形成好的影响。"

顺利取得了首届电子竞技联赛冠军之后，陕西省社体中心准备建立起全省电子竞技协会，并继续推出全省大学生联赛和商业联赛，让更多的人参与进来，在健康的游戏方式中体会电子竞技的快乐，让社会各界不断加深对这项运动的认识。

社会为什么要培养游戏人才?

有一个家长激动地说："游戏不是好东西，它让人'玩物丧志'，谁再提游戏，我们家长就跟谁急!"

这种心情可以理解，但这样，麻烦更大。一来'玩'是人的天性，是人生的一部分。人人都不玩了，这人生多枯燥啊，能灭掉吗？二来电子竞技作为一种新兴的文化产业，它已成为一个巨大的经济增长点，能禁止吗？三来电子竞技等游戏产业对国民经济和社会发展的贡献和影响止与日俱增，并全面带动了电信、网吧、硬件设备等各方面业务的高速发展……

在国外有些香烟盒上公开印有骷髅标志以及'吸烟就是慢性自杀'、'吸烟得肺癌'等警句，然而烟草业还是继续生产，也还有不少人继续在吸，这是为什么呢？一来少吸能提神，也有人需要刺激，二来给国家增加收入，也解决一些人的就业问题。家长之所以反对孩子玩游戏，是因为有很多游戏包含着一些不健康的成分。如果有助于孩子健康发展，家长还反对吗？所以对电子竞技也是如此，要因势利导。

调查显示，我国目前是全球网络游戏产业增长速度最快的地区之一，有关报道说，预计到2006年，我国的网络游戏市场规模将达到93亿元人民币。国家新闻出版总署已正式启动“中国民族网络游戏出版工程”，根据计划，从2004年开始到2008年，我国将投资10亿至20亿元人民币，开发出版100种优秀大型民族网络游戏出版物。目前国内的游戏专业人才缺口高达60万人。游戏人才的匮乏已经成为制约我国游戏产业持续快速发展的瓶颈。有人断言，这个行业真正懂得技术的人才大约只有3000人，缺口在10万人以上。中国游戏产业的未来决定在中国本土游戏人才身上。我们相信大批高素养的本土化网络游戏人才诞生之时就是中华民族的网络游戏产业振兴之日。

随着电脑网络的发展，网络游戏市场已走上高速发展之路。据中游网的报告显示，2004年亚太区（不含日本）网络游戏市场用户订购收入达10.9亿美元，比2003年增长了约30%。中国占据了这个庞大市场的1/4强，中国内地网络游戏用户订购收入达2.98亿美元，位居第二，仅次于韩国的5.334亿美元。如今，看好中国游戏产业前景的人越来越多。中国很多产业从基础上就处于落后位置，要赶超发达国家可能需要很长时间，但是网络游戏这种特殊产业不一样，它是在近几年才随着互联网发展起来的，所以中国的网络游戏产业和所有国家的网络游戏产业都站在同一条起跑线上，对中国来说，这是一个很好的机遇。

方兴未艾的电子竞技运动

当代体育已同现代技术的发展紧密结合。随着因特网的飞速发展，依靠网络进行的电子竞技作为一项新兴体育活动已经在全球范围内发展了至少3年，国外举办的比较著名的区域性民间杯赛有CPL、WCG、ESWC等。

2006年全国电子竞技运动会是我国举办的首届电子竞技运动会，比赛将11个项目列为比赛内容，并分为休闲和对战两大类。休闲类项目包括围棋、中国象棋、桥牌、四国军棋、升级、拱猪、二打一（斗地主）；对战类项目包括反恐精英、FIFA足球2004、魔兽争霸3（冰封王座）、星际争霸（母巢之战）。这些项目特别是对战类项目，与网络游戏是有区别的。电子竞技与普通网络游戏的最大区别在于，前者更侧重于锻炼和提高参与者的思维能力、反应能力、身体协调能力和意志力，一场竞技一般在10分钟至30分钟内结束；而后者是软件开发者预先设计好的、没有尽头的游戏，游戏的“秘诀”和“关口”完全掌握在游戏设计者手中，参与者不能充分发挥个人能力。网络游戏“练级”的目的则只是在提高游戏中“虚拟人”的“技能”、“魔法”、“等级”。出发点和目的不同，获得的效果也完全不同。

电子竞技运动是随着体育发展、科技进步而产生的新生事物，是信息技术与体育结合的产物，它将体育从线下扩展到了线上，从现实世界延伸到了虚拟世界，电子竞技是电信、IT、游戏和体育领域的交界产业。

电子竞技运动在全球的影响力正发生着日新月异的变化，在北美和韩国等电子竞技运动发达地区，战略竞技和射击竞技已发展到职业化程度，对单一运动队或俱乐部的赞助金额已经高达数10万美元。电子竞技产业在韩国不仅成为国家的重要产业，而且成为韩国的国技，并列为韩国三项最大体育竞技（足球、围棋、电子竞技）。

在我国，2005年年底国家体育总局已正式批准电子竞技为我国开展的第 99 个体育项目，电子竞技运动迅速形成竞技体系。

电子竞技如何走向健康

运动，而不是游戏，一个词汇的变化预示着一个产业的崛起，现在露出的只是冰山一角。身份变了，人们对电子竞技的印象似乎不再是躲在网吧某个角落里那个灰头垢面的少年，而是可以为国争光的运动员。可是，电子竞技并非天生就具备“体育文化”的内涵，其在发展中带来的许多负面影响也不会在一夜之间消失殆尽。许多学生因为沉迷其中，对身体、学习产生了不良影响，有的甚至把虚拟世界的争端转移到现实生活中引发许多社会问题……电子竞技，这个新兴的体育项目能不能健康发展已成为社会关注的热点。

玩家剪不断的情丝

对于游戏，对于电子竞技，最有发言权的是玩家们。伴随着游戏和网络的发展，无数玩家怀揣各种梦想投身其中。不可否认，电子竞技的壮大与发展，和这些“铁杆”玩家是分不开的。

“游戏给你带来什么？”“快乐！”玩家们认为游戏就像人生一样丰富多彩。杭二中的吴同学相当喜欢玩 ATC 之类的“闯关”游戏，每闯一关他都会兴奋不已。他同班的张同学则更喜欢“格斗”，FTG 类游戏是他的首选。喜欢军事、枪械和刺激的朋友选择 CS；学习经营管理、战略策划，梦想当领袖的玩家则喜欢 SC 或 WARS 之类的 SLG 游戏；球迷们自然会选择足球游戏，或当一名“队员”，体验虚拟赛场带来的刺激，或当一名“俱乐部经理”，在繁琐的经营中磨练自己。按玩家们的话说："游戏的殿堂无比宽广，我们有自己喜欢或钟情的游戏，通过各种各样的方法去体验这些五花八门的游戏，可不管怎么样，目的都是为了快乐。"

杭师院学电子商务的虞同学这样自述游戏生涯："我是玩掌机'俄罗斯方块'开始喜欢游戏的，继而玩8位的FC，16位的MD，128位的PS3，现在喜欢PC游戏，最喜欢的TVGAME就是简单的'魂斗罗'和CS。这两款游戏使我懂得了怎样珍惜生命，懂得了'安全第一'的重要性，也圆了童年时当战斗英雄的梦想。"很多玩家会把游戏与自己的梦想联系在一起。"我小时候就想当一名球员。我爸是个准球迷，在他的熏陶下，我对足球的理解愈发深刻。"杭四中的林同学说，"我的身体条件太差，根本当不了足球运动员。游戏给了我这个机会，让我过了一把球星瘾。"

电子竞技给人们带来的东西很多，最吸引玩家的还是它的竞技性。他们通过人与人、人与电脑之间的对抗来体验体育竞技的快乐感和成就感。刚与同学PK完CS的李同学兴奋地说："电子竞技是最自由的，它没有死规则、死模式，在有限的空间里，你可以通过无数种不同的战术来击垮对手，用实力来证明自己的存在。"

游戏是否会给学生带来负面影响？玩家们普遍认为没有什么坏处："家长和老师之所以反对，是因为他们不知道游戏可以锻炼和提高思维能力、反应能力、团队精神、自制能力、协调能力及社会适应能力。"

发展如何健康地奔向未来

我国的电子竞技业已陷入"社会之矛"与"玩家之盾"

的尴尬境地。面对国外电子竞技业的成功，如何引导电子竞技健康地发展？

电子竞技运动虽起源于网络游戏，但与网络游戏有本质区别。但是，许多老师、家长和学生搞不清电子竞技运动的内涵。网络游戏是以追求感受为目的的角色模拟和扮演，只在升级中获得乐趣，容易上瘾。电子竞技却有完整的规则，让人在公平的环境中参与竞争，发展身心和智力。所以，社会应该加大宣传力度，消除人们对电子竞技的偏见，提高对电子竞技的认知、理解。

社会已经进入信息时代，上网玩游戏已成为学生较为普遍的现象。一味禁止显然不是办法，变堵为疏，正确引导，组织电子竞技比赛，用健康的电子娱乐方式去占领阵地，才是上策。

从目前学生开展较为广泛的电子竞技项目来看，主要是反恐精英、星际争霸、魔兽争霸和FIFA，不是“美国快餐”，就是“韩国泡菜”。此类项目，无不巧妙地将各国民族文化的特色融入其中，有的与我国文化格格不入。有些项目，大多以“攻击、战斗、竞争”为主要成分，砍杀、爆破、枪战等血腥刺激内容很容易使中学生滋生暴力倾向。所以，我国应多研究、多开发自己的电子竞技项目，要根据我国青少年成长的需要，将中国文化的优良成分融入这一新兴体育运动项目之中，使我国电子竞技运动的开展，既与国际接轨，又具有中国特色，使广大学生在网络时代健康成长。

国外蓬勃发展的产业

虽然电子竞技在我国处于争议阶段，但在国外，尤其是一些发达国家，已成了一种蓬勃发展的产业，并在国民经济中占有一定地位，受到政府和社会的支持。

韩国是支持力度最大的国家之一，并跻身世界顶尖游戏王国，电子竞技成为韩国继跆拳道之后的新国技，同时也带动了韩国信息技术和相关产业的发展。游戏产业成了超过汽车产业的支柱产业，对韩国经济的发展起到了促进作用。在国外，电子竞技的社会压力很小，他们的宣传力度大，管理规范。社会对电子竞技的支持，使青少年很少走歪路。比赛规则也逐渐完善和规范。世界上比较有影响、受到玩家追捧的几大比赛，基本上由美国、法国、德国、韩国等电子竞技大国举办。

职业化　产业化——电子竞技的出路

电子竞技比赛已经发展成广大群众喜闻乐见的一个体育项目，各地电子竞技比赛不断。然而长期以来，网吧倡导，网吧提供赞助、场地，网吧组队，竞技比赛成为网吧之间的“内部竞技”的网吧模式是电子竞技的原动力。网吧模式能否支撑起电子竞技的发展？电子竞技的出路在哪里？

银川电子竞技——网吧是主力军

2006年1月26日至28日，“迎新春‘电信杯’电子竞技大奖赛”在银川市举办。这次活动由网吧提出动议，由网吧赞助场地和部分经费，所有战队都是网吧战队，应该说，“网吧模式”推动甚至主导了银川市电子竞技比赛的举行。

1月初，银川市“新西部网络”向银川市体育局提出申请，准备在网吧内组织一次电子竞技赛事，体育局立即表示给予支持。经过一段时间的筹划酝酿，体育局决定把原本规划的小范围内的一次比赛做大，形成一次大规模的电子竞技赛事。

银川市“新西部网络”作为此次活动的发起者，免费为大赛提供比赛场地及各种竞赛设备，搭建竞赛平台。网吧负责人谈永和说，电子竞技主要是以计算机作为比赛平台进行的游戏比赛，“新西部网络”作为银川市较大规模的一家网吧，投入6000多元，希望通过这次活动，推动银川电子竞技的发展。

这次参赛的所有战队几乎都有网吧赞助，“雷神网吧”赞助4支CS战队，其中包括本次比赛惟一的一支女子战队，“龙e网吧”赞助了两支战队，ESPACE战队、NEW. S战队、R. P战队等也都是由网吧赞助的。网吧一般提供报名费和两个星期到两个月时间的免费上网卡，有的网吧还提供饮料和盒饭。

也有网吧由自己常年签约的战队出战。战队代表网吧出战，其名称都是根据网吧名来命名的，如雷神网吧雷神战队，有的是将网吧名英译或简写，如E星空网吧ESPACE战队、新星网吧NEW. S战队。战队获胜后可以从网吧领取到与名次相对应的奖金。

这些战队平时的训练也都是在网吧里进行。龙e战队的周延涛告诉笔者，每天队员在网吧的训练时间一般都在4个小时以上，虽然家里也有电脑，但在家里玩，只能跟电脑“挑”，没有网吧的气氛，也没有高手在一起交流。周延涛所在战队的定点训练基地就是“龙e网吧”，吧内目前玩CS的已经形成了两支战队，龙e战队和SILENCE战队，平时两队对练，一个网吧需要形成两支以上的经常性队伍才能保证战队有对手。

网吧战队均不满——电子竞技网吧模式难长久

战队在网吧训练，由网吧赞助，竞技比赛主要在网吧举行，这就是周延涛等业内人士说的电子竞技的“网吧模式”。网吧追求利润最大化的经济属性、银川网吧的经济实力，能否担当起带动整个电子竞技走向繁荣的重任？

其实随着电子竞技的发展，眼前这种“网吧+战队”模式已经是困难重重了。“新西部网络”的总经理谈永和告诉笔者，以前“新西部网络”也曾有过专门的战队，但现在网吧已经不再常年“供养”战队了，一般都是在比赛时再临时组队。

中国电子竞技发展历程

●2000年，中国市场产值约为200万元人民币，E-Sports概念雏形形成；

●2001年，产值约为1000万元人民币，同年WCG进入中国；

●2002年，CIG、GOC等国内赛事逐步兴起，年创产值约为3000万元人民币；

●2003年，SARS原因导致国内市场冰河期，但同年国家体育总局列电子竞技为第99项体育运动；ESWC2003落地中国，当年产值约为2000万元人民币；

●2004年，各类赛事如雨后春笋。国际赛事继WCG、ESWC之后CPL也成功落地，国内CEG、ACON4、百万长城挑战赛、联想锋行、CIG、GOC、NUGL等国内赛事各行其道，地方赛事紧随其后，民间资本跃跃欲试。2004年市场产值约为5000万元人民币；

●2004年，相关政府、各行业、企业、媒体逐步接受E-Sports模式，其中部分企业已经具有一定的操作经验，如Intel、Abit、NVIDIA及网通、电信等其他各类企业；

●2005年，电竞市场两级分化，国际品牌赛事备受关注，中小本土赛事则入不敷出。全球电子竞技圈地运动蓬勃展开；

●2006年，市场逐渐规范，对机构的专业素质及管理水平有更严格的要求。

黑客与防黑专家：网吧培养出来的一流人才

网吧，自它诞生之日起，就似乎注定要背负诸多无法摆脱的指责与口水。一提到网吧，人们总是难免把它与无证经营、未成年人上网、欺骗、火灾、成瘾、荒废学业等字眼联系在一起，尤其是在青少年成长话题方面，网吧几乎成了罪恶之源。可是，网吧的形象真的就只能如此糟糕吗？黑客，一个令人讨厌的字眼。但当黑客把技术运用到防黑时，性质完全改变。黑客和防黑专家的成长将告诉我们网吧本身并不带有原罪。

天才与魔鬼：冷眼看黑客

黑客，从一端看是魔鬼，因为许多人害怕被黑；但从另一端看，他们也是天才，因为社会、网络、软件从中受益。

李纳斯·托沃兹（Linus Torvalds），当今世界最著名的电脑程序员、黑客，Linux 内核的发明人及该计划的合作者。李纳斯利用个人时间及器材创造出了这套当今全球最流行的操作系统内核之一，使自由软件从产业思想运动演变成为市场商业运动，从此改变了软件产业，乃至 IT 产业的面貌。一个 21 岁的芬兰大学生，在学生宿舍里写了一个操作系统的内核——Linux，然后公布于众，吸引了成千上万的程序员为之增补、修改和传播，短短几年就拥有了 1000 多万的用户，成为地球上成长最快的软件。

Linux这部史诗发端于赫尔辛基。似乎天下的黑客都在为自己的生命创作源程序，李纳斯也不例外。他的家就在离市中心不远的Kalevagatan（与卡勒瓦拉很相近）大街。这是一个19世纪的建筑与现代化平房交相呼应的地方。李纳斯与妻子住在这里。他的家很像是大学生的集体宿舍，楼梯下总放着一排排自行车。

李纳斯本人看起来就像一名学生，而不像道士。他中等身材，浅褐色头发，蓝眼睛，目光透过镜片直直地射向你，只有浓密的眉毛是黑色的，衬着一张孩子气的脸庞。他的房间四周排列着许多书籍，里面布满了油画和各种装饰品，相当低廉的窗帘，两把扶手椅之间挂着发干的鳄鱼皮，房间里还有两只目空一切的猫和几台计算机：三台PC，一台Power Mac，还有三台从DEC借来的基于Alpha芯片的微机。它们不起眼地布置在房间的角落中。另外一样很有意思的东西不易察觉：那是一根将计算机连到电话插座的导线，这是通向互联网的256K的专线，由当地的一家ISP安装并承担费用，它是对这位Linux道士的象征性奖励。

Linux并不是一件刻意创造的杰作，而完全是日积月累的结果，是经验、创意和一小块一小块代码的合成体，不断的积累使其成为一个有机的整体。Linux初期的许多编程工作是在Sindair QL机器上完成的。这台机器花掉了他2000多美元，对他来说，这可是一笔“巨额”投资。这是一种十分古怪的英国产电脑，是1984年推出的。它有无数的缺点，却有一个真正的优点：它是一套真正的多任务系统。有一件十分关键的事件最终导致了Linux的诞生。

Linux的黑客们包括李纳斯本人，似乎对编写应用软件不感兴趣。但随着Linux市场扩展，商业公司也开始弥补这一欠缺，包括字处理、电子表格、图形软件等强劲的桌面应用软件已经纷纷涌现。

“我并没有成为一个完全的隐士，但是即使在Linux出现之后，我一如既往地不善交际。我的大多数朋友都很善于与人相处，但我不行。你可以想象一下，如果从来没有给女人打过电话，那约会的情况会是怎样的呢？所以在那段时间里，我只有几个常到我那里敲窗子、想和我喝杯茶的朋友。我不认为有人会到处传说我正在做一项伟大的事业、我将改变世界之类的话。我不认为有人曾经这么想过。”

在硅谷，一个人要赢得好名声远比赢得大把的钱财要困难得多。因为财富是声名鹊起的基本条件。而要赢得财富，就必须勾心斗角，逐利而去。因此无论是苹果的乔布斯、Oracle的埃里森还是英特尔的葛鲁夫，都只能在当地获得毁誉参半的名声。但是，如果在硅谷还有惟一一位大家公认的“好人”，那么这个人肯定非斯蒂芬·沃兹尼克莫属。

这位当年的技术天才，淡泊名利，性格纯朴，早早离开了热闹的中心。这也注定了他必然与计算机业沿着不同的路线书写 各自的历史。现在，昔日的战友乔布斯又在叱诧风云，而他则过着自己安静的生活。

目前，他的正式工作是加州Los Gatos校区的计算机教师。教5~8年级的小学生。虽然他没有正式的教师证书，也从来不领任何工资，但自1990年以来，他已兢兢业业地教了9年。到了暑假，他仍在用心备课，并且在家中开办临时班，辅导18位即将升入6年级的学生。教他们如何解压缩，如何在AOL聊天室里浏览，如何发送游戏。

上课的房间就是Unuson（Unite US in Song的缩写）公司的总部。这是沃兹尼克创办的公司。上世纪80年代中期是摇滚的大本营，举办过两次盛大的摇滚音乐会。如今，Unuson的主要任务是支持他的教学和慈善活动。他担起了本地学区的计算机培训任务，除了购买实验室设备外，还为5名兼职员工付工资。他的办公室早已联网，除了发收E-mail，还和他的狗一起玩游戏。他可能是世界上玩Tetris（俄罗斯方块）的最好选手。

他直率地承认，自己并不适于当今的计算机商业。他认为计算机业的创造性已经被人为的商业目的破坏了，利益驱动决定了发展的节奏。疯狂的升级使更多的人无法真正享用计算机。他盼望着摩尔定律能尽快寿终正寝，使每一台PC都能像课桌一样用上20年，使每一个孩子都能人手一台。

理查德·斯托尔曼，老牌黑客。1971年，斯托尔曼在街上找到一份MIT的人工智能实验室的工作，当时他是哈佛大学的一名本科生。后来，斯托尔曼创立了自由软件基金，打破了软件是私有财产的概念。1969年在IBM纽约科学中心第一次接触计算机，当年16岁。在上世纪80年代，斯托尔曼不拿MIT的薪水但继续在其中的一个办公室工作。在那里他创造了一个新的操作系统GNU（是“GNU’s Not Unix”的缩写）。曾获得麦克阿瑟基金24万美元天才奖。

五短身材，不修边幅，过肩长发，连鬓胡子，时髦的半袖沙滩上装，一副披头士的打扮。看起来像现代都市里的野人。如果他将一件“麻布僧袍”穿在身上，又戴上一顶圆形宽边帽子，他犹如圣经中的耶稣基督，散发着先知般的威严和力量。野人与基督，恰恰就是自由软件的精神领袖理查德·斯托尔曼的双重属性：他既是当今专有（私有）商业软件领域野蛮的颠覆者，又是无数程序员和用户心目中神圣的自由之神。

在他的理论下，用户彼此拷贝软件不但不是“盗版”，而是体现了人类天性的互助美德。对斯托尔曼来说，自由是根本，用户可自由共享软件成果，随便拷贝和修改代码。他说："想想看，如果有人同你说：'只要你保证不拷贝给其他人用的话，我就把这些宝贝拷贝给你。'其实，这样的人才是魔鬼；而诱人当魔鬼的，则是卖高价软件的人。"可以断定，进入 20 世纪末，软件业发生的最大变革就是自由软件的全面复兴。在自由软件的浪潮下，软件业的商业模式将脱胎换骨，从卖程序代码为中心，转化为以服务为中心。

作为今天的一名电脑用户，如果你的朋友希望你能为他复制一份受版权保护的程序，你不应当拒绝，合作精神比版权更重要。而且，这种合作不应只在地下进行，每个人都应该以此为荣，公开自己的诚实生活，对所有私有软件说"不"。

"你应该可以公开、自由地与其他软件使用者合作，你有权了解软件的工作原理，并将其传授给你的学生，当软件发生问题时你完全可以雇用你所喜爱的程序员对它进行修改。你理应得到自由的软件。"

有人说，斯托尔曼应该算是世界上最伟大，软件写得最多的程序设计师。但是，斯托尔曼真正的力量，还是他的思想。因此，他最欣赏的英雄是南非的曼德拉。

小混混？黑客人才？

如果说李纳斯·托沃兹等人并不能改变我们对黑客的看法，因为他们过于伟大，那么郭鑫则以最平常的事实告诉我们：黑客就是人才。

郭鑫的第一次黑客行动，是破掉老师在电脑上设置的 CMOS 密码。为了防止学生自己带盘到机房里玩游戏，老师在 CMOS 中屏蔽了软驱并设置密码以防学生修改。初二那年，郭鑫自学了一段 BASIC 语言后，写了一个程序把看似不可逾越的 CMOS 密码给破掉了。控制电脑原来如此简单！从此，郭鑫不可扼制地喜欢上了电脑。

接触电脑后，郭鑫开始逃学，频繁出入街头的网吧。在网吧里，他第一次接触到网络。当时网费是每小时 8 元，天天泡在网吧，爷爷奶奶给的零花钱根本不够用，于是郭鑫就对网吧老板说，我可以帮你修电脑，还能拖拖地、干点杂活儿，你让我在这里免费上机怎样？老板痛快地答应了。当时，父母还不知道儿子去的不是学校，而是网吧。对郭鑫而言，学校是个枯燥无味的地方，他认为故意不好好学习，是对教育体制的一种报复。

初中毕业后，在父母的安排下，郭鑫到一所中专学校读会计专业。已经是高手的他很快和学校的计算机老师混熟了，便天天泡在机房里不去上课。班主任发现，这个学生对文化课一点都不感兴趣，相反，学校的计算机出了任何问题他都能解决，包括老师不能解决的问题。所以老师干脆不去管他，顺其自然。对这位班主任，郭鑫至今心存感激。

中专这两年半，郭鑫的计算机水平突飞猛进。从 CMOS 事件后，他的学习重点一直在网络安全上。他觉得控制这些机器或网络很有挑战性，“那种感觉难以用语言表达”。中专的时候，网吧已经比较便宜了，他经常到网吧去包夜。郭鑫的父母比较开明，从未要求过他必须考上大学，允许他做自己喜欢做的事，支持他学计算机，尽管他们也很担心孩子到网吧去玩游戏。

“佳缘被黑是我一生的转折点”，郭鑫说。“佳缘”是当地的一个大型网络社区，许多年轻人都通过它聊天、交友、发帖子，郭鑫这样的网虫自然也是常客。某天夜里，该网站突然被黑掉了，网管找到郭鑫，希望他能帮忙。郭鑫花了一夜时间分析网络日志，找到那名黑客并重新安装、配置了网络。“那次非常有成就感”，郭鑫说，“我感觉到维护一个系统，要比攻击它难得多！破坏一个网站只需要5分钟，但修复可能要一到三个月。”由此，郭鑫的兴趣开始由黑客攻击转向保护网络安全。

“佳缘”事件后不久，当地又发生了一起较大的攻击事件，郭鑫在自己创办的“中国黑客同盟”网站发表了对此事的看法。当地一家媒体的部主任亲自出马找到郭鑫，先通了几次电话，然后约他到报社谈网络安全。见面后，一帮笔者都不敢相信自己的眼睛，他们原以为这个语调沉稳的黑客少说也有30多岁。郭鑫看出他们的疑惑，在采访结束后露了一手——不到5分钟时间，他就用报社的电脑进入了国内一家知名的大型网站，令旁观者心服口服。从此，郭鑫开始在媒体上频频露面，那年他17岁。

对郭鑫来说，媒体的报道非但没有帮助，反而给他就业造成很大阻碍，在许多企业眼中，黑客就是怀着技术到处作乱的人，招这样的人无异于引火烧身。中专毕业后，郭鑫换过很多工作，还担任过一段中国电信的网管。他说：“好像刚毕业的人都这样。”这段时期，郭鑫除了上班、学习，还和七八个朋友一起创办了“中国安全在线”，该网站宣称有问必答、每帖必复，且不超过12小时，口号是“普及网络安全知识”。很快它便成为国内黑客们最喜爱光顾的网站之一，流量最高的时候有3000人同时在线。

2001年5月，网络界出了一件大事，那就是有上万人参加的中美红客、黑客大战。郭鑫没有参与对美国网站的攻击，他认为参与政治有违黑客精神，一而再地黑网站也不符合黑客不重复工作的原则。他随时留意着红黑大战的进展，尽可能地联系被黑的网站，如果对方信任的话，就帮着修复被黑掉的服务器。“从黑的质量上来说，美国人还是略胜一筹，许多被黑的中国网站已经采取了相当的保护措施。”郭鑫评论道，“民间黑客活动并不可怕，真正危害国家的是那些别有用心窃取国家机密的黑客。”他认为本次红黑大战最重要的意义，是起了一个警示作用，许多机构明显开始重视网络安全问题。

现在，郭鑫离开老家，移师北京某网络安全公司发展。之所以今年才“出山”，他说是因为“恋家情结”。郭鑫和现在的老板已经在网上结识很久了，郭鑫坚持不干违法的事，给人以讲原则、有责任感的印象，老板认为发现了一千里马，于是开出一个令人心动的报酬，并许诺提供良好的发展空间邀他加盟。郭鑫觉得这个老板是搞技术出身，知道怎样爱护搞技术的人，其从业经验乃至为人处世也都值得学习，所以没有多想就打起背包来到北京。“当技术达到一定水平后，就希望到现实生活中为自己打拼。”郭鑫说，他也不能确定网络安全是终生职业，但肯定会一直做下去。“我这个人很专的，别的不会干。”

同样是每天只睡四五个小时，其他时间面对电脑，与家乡的工作习惯并无不同，但郭鑫明显感觉到北京的工作压力更大、节奏更快。“人都是在实际项目中得到提高的，这种提高是质的提高。”郭鑫认为自己应该赶快从安全人员升级为安全专家。专家体现了整体素质，除本专业外，还要有良好的谈吐，并着眼于解决将来可能发生的问题。

黑客冲击波：黑客人才挑战传统人才观

在传统人才观中，黑客是一个异类，同人才挂不上钩。然而，时下“术业有专攻”的黑客成为软件公司的偏爱，这不能不引起人们的思考。要黑客还是要常人？在IT行业的招聘会上，许多软件公司大胆任用黑客担当网络安全维护人员。公司的理由很简单，黑客精通此道，能攻能守，还可以打漂亮的防守反攻战。

“只要是人才，何必管他是否出生黑客呢?”一家软件公司的部门主管直言不讳。他表示黑客有攻击网站、软件的经验，非常熟悉网络安全操作系统，做网络安全人员绝对“对口”。业内人士透露，这些软件公司在招聘时并不会大鸣大放地把“招聘黑客”的幌子打出来，而是在面试时试探。面试时，黑客会单刀直入表示擅长网络安全维护，把一些常用软件、操作系统的漏洞如数家珍般地一一道来。主考官此时也心领神会，不用进一步做身份认证。如果应聘者不开口，公司会主动摸底，询问他们是否了解软件、操作系统的漏洞，如何来维护网络安全等，是不是精于此道，立刻就能见分晓。业内人士表示，黑客具有丰富实战经验，应对如此问题显然比理论派更加老练，更容易在应聘者中脱颖而出。

“我们需要黑客打点业务，黑客的道德素质问题我们就不考虑了。”一位经理表示黑客在社会上的“鸡鸣狗盗”行为，入侵网站、窃取情报甚至偷盗钱财都与公司无关，自有国家法律约束。“养兵千日，用在一时”，企业青睐黑客并不单单看中他们维护网络安全的能力，还有更深一层的考虑：黑客更擅长攻击，必要时可以防守反击。一位黑客透露，他曾在公司之间的“网络大战”中立下了显赫功绩，得到了领导嘉奖。尽管公司大胆招徕黑客，但对他们却无法完全信任。一家公司内部的高层网络对黑客“关门”，不让他们参管；而黑客在进公司时必须戴上“紧箍咒”，如果他们有损企业利益，有严苛的行规来惩罚他们。

近墨者黑，黑客的同事是否具有极强的免疫力？笔者采访了几位软件公司的网络安全维护人员，他们大多与黑客同事保持距离，担心黑客会入侵私人空间。但他们对黑客的态度也很微妙，一些网络安全维护人员认为，黑客与网络安全维护人员之间其实只有一线距离。网络安全维护人员采取攻势，去攻克网站就转化成了黑客。他们认为那些入侵银行窃取钱财的黑客是不良分子，而“潜入”并不破坏的黑客就是真正的高手，他们的举动其实是在提醒网络安全人员注意，这样的对手让他们钦佩。

“会抓老鼠的就是好猫”

在2006年举行的电子、计算机行业专场招聘会上，好几家公司打出了招聘网络信息安全维护人员的广告。一家软件公司工作人员告诉笔者，网络信息安全维护是需要技术和经验的工作。只有技术或者只有经验都难以胜任网络信息安全维护工作。黑客有丰富的攻击网站、软件的经验，对网络操作系统了如指掌，并且熟悉软件操作系统的漏洞，请他们做网络信息安全维护无疑是非常“对口”的。据了解，聘请黑客做网络信息安全维护早已是业内公开的秘密，甚至一些公司任命一些黑客为反黑专家，并称之为CHO（Chief Hacker Officer首席黑客官）。对这些公司来说，防范黑客攻击、进行网络信息安全维护是很现实的事情，“不管黑猫白猫，会抓老鼠的就是好猫”

是业内的普遍看法。

“民间技术力量可以充分利用”

中科院研究生院国家信息安全重点实验室的戴英侠教授认为，目前社会上对黑客有很深的误解，认为他们都是思想品德败坏的人。我们应在黑客和利用黑客技术犯罪之间划清界限。黑客对网络有深入了解，掌握着高技术。他们大多有正当职业，有正义感和爱国热情，因此，完全可以利用他们的技术优势，为社会服务。

清华大学计算机科学与技术系一位不愿透露姓名的老师告诉笔者，真正的黑客有较高的技术水平，有丰富的想像力。他们专门研究软件和操作系统的弱点，能发现软件或操作系统的漏洞，如果聘用他们进行黑客入侵测试，充分发挥他们的才能，无疑能促进我国信息安全体系的建立。这位老师还认为，安全维护是未雨绸缪的工作，只有充分利用各方面的技术力量，才能有效保障我国的信息安全。据了解，由于安全验证、测试的技术水平有限、经验不足，一些软件和操作系统的漏洞往往不能及时发现，造成诸多安全隐患；黑客有丰富的相关经验，做黑客入侵测试可以说是如鱼得水。

据了解，目前社会对网络安全维护人才的需求量很大，而我国的网络信息安全专业教育刚刚兴起，培养的专业人才远远不能满足社会需求。国内一些知名高校普遍没有设置该专业。清华大学招生办老师说，本科阶段不可能设置这么窄的专业，而且网络安全研究相对高深，本科培养有一定难度。而中国科技大学信息科学技术学院的老师表示，中科大将在即将进行的高考招生中招收第一批网络信息安全专业的本科生。另据介绍，中科院研究生院设有网络信息安全的研究生专业，但研究生总人数不超过60名。即使这样，大部分人毕业后都选择出国，或者从事科研工作。由此看来，网络信息安全人才供不应求也就不足为奇了，以至于出现“做安全的很多，懂安全的却很少”（业内人士语）的尴尬状况。因此，专家们呼吁，要加大网络信息安全人才的培养力度。

“用人单位要保持理性”

据业内人士透露，一些用人单位招收黑客，除为了维护自身的网络安全之外，还为了“防守反攻”，破坏竞争对手的操作系统，或者窃取对手的机密材料。中国人民大学劳动经济学院副院长刘尔铎教授认为，虽说英雄不问出路，但招募黑客要遵守国家法规，公司内部也应有严明纪律进行约束。另外，由于民间技术力量、技术水平、道德水平良莠不齐，招聘这些人员时应保持理性，谨慎行事。据了解，其实很多所谓“黑客”是在不经意间发现了操作系统漏洞的，有意无意地成了黑客。这些人的技术水平并不一定很高；而真正有较高技术水平的黑客是不显山不露水的。刘教授表示，民间技术力量毕竟不是主流，主力肯定在相关部门、高校和一些正规公司中，因此，“不要看得过高”。

为什么要做一个“黑客人才”？

在大学生中关注黑客的学生越来越多，我找了三个学生来聊聊“黑客”。他们说他们对黑客很感兴趣，但都不是黑客，学生甲说，他想当黑客，但现在还是一个“菜鸟”。

我说我想请教他们几个问题，如：黑客和“黑客人才”的区别？为什么要当黑客和“黑客人才”？“黑客人才”应具备什么条件？他们很乐意与我聊。

“黑客们是天生的反权威主义者。他们解决了问题并创造新东西，他们相信自由并自愿地互相帮助。不知道这是不是‘黑客人才’？”学生乙说。

“是不是‘黑客人才’的关键在于：如何理解‘反权威主义’和拿创新的东西去干什么？最近我在网上看到有人在办‘爱国者黑客’培训班，教袭击别人网站的有关程序和技术，你们觉得如何？”我向他们询问说。

“这是一个生财之道。现在就业太难。”学生丙说。

家长在对孩子的教育中，更为重要的，是培养孩子对自己行为的责任感和敢于面对压力与挑战的坚强意志。“这个培训班出来到哪谋职？有人很可能利用这些技术去谋财害命了，你们说这个培训班是不是在教唆网络犯罪？这个生财之道好吗？”我带着疑问地说。只见三个学生互相对视着，直摇头。

“是啊，到哪谋职啊！现在凡是‘黑客’技术，大部分是自学来的，看来这种班只能国家根据工作需要去办了。”学生乙说。

“国家培训完了让他们干什么呀？”学生丙问。

“我想他们应该去当网络警探、网络特工等，而不能去袭击国家及他人网站，乃至谋财害命。”那个“菜鸟”学生甲说。

“对，这就是黑客与‘黑客人才’的区别。‘黑客人才’是不是还需要掌握一些基本技术？这一点我可就不太清楚了。你说呢？”我接着问那个“菜鸟”学生甲。

“我本身不是学计算机的，别人建议我从 Python 开始，对于黑客而言最好能掌握四种语言，即 Python、C、Perl 和 LISP。它们还代表了四种非常不同的编程方法，每种都会让你受益匪浅。新手们最基本的一步就是得到一份 Linux 或 BSD-Unix，安装在个人计算机上，并运行它。学会如何使用 WWW 和写 HTML，如果你不会编程，写 HTML 会教你一些有助于学习的思考习惯。因此，先建起自己的主页……这都是入门技能。”“菜鸟”说。

“我知道做一名‘黑客人才’有很多乐趣。据我所知，要做一名‘黑客人才’，你不仅需要对计算机技术有强烈的兴趣和好奇心，最重要的还要有社会责任感和道德。”我说。

“黑客就像小偷，有高级和低级之分，你要想进到某个要害部门，需要有很高的技能，而且这些技能都是书本上学不到的。”学生乙和丙都这样说。

“作为‘黑客人才’必须遵守以下几条守则：第一，不恶意破坏任何系统，这样做只会给你带来麻烦。恶意破坏他人的软体将导致法律责任，如果你只是使用电脑，那仅为非法使用！千万不能破坏别人的软体或资料！第二，不修改任何的系统档案，如果你是为了要进入系统而修改它，请在达到目的后将它改回原状。第三，不要轻易地将你要 Hack 的站台告诉你不信任的朋友。第四，不要在 BBS 上谈论你 Hack 的任何事情。第五，在 Post 文章的时候不要使用真名。第六，正在入侵的时候，不要随意离开你的电脑……”“菜鸟”又说。

“老师，你认为做‘黑客人才’应具备什么条件？”一个学生问我。

“我只能从宏观上说，即任何专业人才，都必须有五个基本条件，那就是：职业道德、兴趣、目标、态度、能力。在你们准备做‘黑客人才’时，这个问题要仔细考虑。”我说。

做“黑客人才”，首先得明白你想进攻谁？同时要有解决问题（目标）、磨炼技术、锻炼智力的热望。如果你还不是这类人又想做“黑客人才”，首先，你就要从职业道德、兴趣、目标、态度、能力等方面磨炼自己。否则你会发现，你的黑客热情会被其他诱惑无情地吞噬掉——如金钱、性和社会上的虚名。其二，你要对审查、保密以及使用武力或欺骗去压迫人们的做法有一种本能的反感和敌意。其三，“黑客人才”们非常尊重能力，具备只有少数具有的技术方面的能力尤其为好，而具备那些涉及脑力、技巧和聚精会神的能力为最好。确实，当一名超常的“黑客人才”，并非一朝一夕的修炼。

中国黑客的起源与发展

在中国互联网成长的道路上，有许多事情我们必须提起，有太多的事情我们必须铭记。

在中国互联网处于刚刚开始发展的朦胧时期，也就是在1994年，中国互联网的大门终于面向公众开放了。但是在那个年代，电脑还是一件非常奢侈的电子用品，而互联网对于大众来说更是一个陌生的名词。各地电脑发烧友最大的乐趣就是COPY那些小游戏和DOS等软件类产品，盗版对许多人来说还是一个陌生的名词，对于广大计算机用户来说，COPY就是正版的一种传播方式。于是乎那个时代最早的黑客或者说“窃客”诞生了。那个时候黑客没有太多的理想和豪言壮语，一个全新的小软件就几乎是黑客计算机的全部生命与理解，而对于这些窃客来说能够COPY到国外的最新产品是他们最大的荣幸，那一张张的小软盘中承载了中国黑客最初的梦想。也正是从那个时期起，雷军等众多我们现在熟知的人从这里引领起中国软件与互联网业发展的浪潮。

在那个中国网络最为朦胧的岁月里，大多数玩家操作着比9600 Bits/s还小的雏猫，在最为原始的网络上奔驰。那不是我们现在传统意义上的Internet，而是最为初级的BBS站，一种依靠拨电话号码直接连接到 BBS 服务器上的方式来交流。他们上的最多的是中国惠多网，而非 Internet。足球和软件加解密成为最热门的话题，注册码的交换让许多人乐此不疲。更多的 BBS 方式的服务器在全国各大城市出现，软件的交换破解成为最为热门的话题，单单一套 Linux 就能够卖到 1200 元。那个时代的玩家现如今均已成为了驰骋互联网的风云人物，有些名字我们不得不提起：周志农——自然码发明人，开创大自然 BBS 站。马化腾（Pony Ma）——滕讯公司总裁，中国惠多网第一批网友。求伯君——金山公司总裁，开创西线和西点 BBS 站。罗依（Roy Luo）、钟东（Dr. Arab）、潘德强…… 这些我们熟悉或者不太熟悉的人们，在那个年代，以他们特有的方式进行着中国网络人特殊的梦，也以他们的方式孵化出中国第一代黑客的雏形——窃客。

时光转眼到了 1996 年。在中国网民的年代分类中，在 1996 年以前接触网络的人均被称之为中国的第一代网民，或许在这其中有些人从来没有接触过 Internet，所接触的最多也是那种电话连接的 BBS，但是他们仍然无愧于中国第一代网民。1995 ~ 1996 年这一期间，中国各个大中城市的互联网信息港基本已经粗具规模，中国国际互联网的第一代网管诞生，中国第一代的大众网民也开始走出 BBS，而融入这种天地更为广阔的 Internet。那两年是中国互联网初步成长时期，也同样是中国软件业开始蓬勃发展的时期。那个平静的年头中，中国网络人以自己的方式做着自己的梦，在这些人中很多是接触过早期 BBS 的网友，在他们看来，从 BBS 移师 Internet 只不过将自己的舞台扩大了一些，让自己的眼睛看得更多了一些。而他们在 BBS 上最初所进行的那些活动也迁移到了 Internet 这个更为广阔的空间。在这一期间中国网络窃客技术飞速发展，也从此诞生了一批传奇式人物，这里面最为出名的当属高春辉，他的个人主页在当时以破解软件和注册码为主，在那个软件极度匮乏的时期，他创造了中国个人网页访问量第一的传奇历史。当然在那个阶段，除了窃客以外，电话飞客也曾出现在中国，但是由于程控交换机的出现，飞客很快成了历史。1996 年底，中国电信开始实行优惠上网政策，在此之后中国网络开始了真正步入百姓家庭的步伐。

1997 年在中国互联网发展史上应该是最为值得纪念的一年，而在中国黑客成长过程中，那一时期也哺育了众多的初级黑客，互联网这一个名词也逐渐被大众接受，新的思想、新的观念也逐渐从网络中折射出来。在 1997 年初期，Yahoo！搜索引擎中只能够搜索出 7 个跟黑客相关的简体中文网页。而且网站中的内容多数是翻译或者重复国外相同网页的内容，很多没有实际意义。不过此时“黑客”这一个名词已经开始正式地深入广大网友之中，当时初级黑客所掌握的最高技术仅仅是使用邮箱炸弹，并且多数是国外的工具，完全没有自己的黑客武器，更不要说自己的精神领袖。那个时期世界上的黑客共同追随着一个精神领袖：凯文·米特尼克，世界头号黑客。这位传奇性人物不单单领导着美国黑客的思想，也影响着中国初级黑客前进与探索的方向。

1998 年正当我们国内开始轰轰烈烈地开展互联网大跃进活动的时期，在大洋彼岸的美国，一年一度的黑客大会上由一个名为“死牛崇拜”黑客小组公布了一款名叫“Back Orifice”（简称 BO）的黑客软件，并将源代码一起发布。这个软件掀起了全球性的计算机网络安全问题，并推进了“特洛伊木马”这种黑客软件的飞速发展。BO 公布后，透过刚刚兴起的互联网迅速传到了中国，当时很多网友就是使用这款软件开始了对黑客生涯的初恋。但是BO并没有在中国掀起浪潮，原因是多种多样的，比如网络尚在发展中，BO为舶来品不方便中国网友使用等。但是BO没有辉煌的另一个主要原因是CIH病毒的诞生和大规模发作。这个有史以来第一个以感染主板BIOS为主要攻击目标的病毒给中国经济带来了数百亿元的损失，也让大陆黑客第一次感受到了来自大洋对面的野心与威胁。

1998年给还处在发育期的中国黑客带来了太多的惊奇、恐惧、理想与动力。在BO诞生不久，中国黑客自己的特洛伊木马也诞生了，这就是网络间谍NetSpy。但是NetSpy的诞生并没有给中国黑客的发展带来太大的震动，这一切都被CIH的光芒所掩盖。在随后的日子里以谢朝霞、PP（彭泉）、天行（陈伟山）等为代表的程序员黑客开始显露头角，少量的国产工具开始小范围流行于中国黑客之间。当大家正在为杀毒而忙得不可开交的时候，一次国际性事件掀起了中国黑客首次浪潮。

1998年7~8月份，在印度尼西亚爆发了大规模的屠杀、强奸、残害印尼华人的排华事件。众多华人妇女被野蛮地强奸杀害，华人的超市被抢夺一空，很多丧失人性的印尼反华分子还将大量残害华人的图片发到了互联网上。这一系列行为激怒了刚刚学会蹒跚走步的中国黑客们，他们不约而同地聚集在IRC聊天室中，并以8至6人为单位，向印尼政府网站的信箱中发送垃圾邮件，用Ping的方式攻击印尼网站。这些现在看来很幼稚的攻击方法造就了中国黑客最初的团结与坚强的精神，为后来的中国红客的形成铺垫了基础。为了号召更多的人加入战斗，有几位技术性黑客牵头组建了“中国黑客紧急会议中心”，负责对印尼网站攻击期间的协调工作。印尼排华事件造就了一大批网友投身于黑客这项活动中来，有些人在攻击过后又回到了现实生活中，有些人则从此开始了对黑客理想的执著追求。同样这次事件也使得“绿色兵团”这个黑客组织的名字享誉中国互联网，并造就了后来的“中联绿盟”。

轰轰烈烈的印尼排华事件过后，中国黑客似乎又归于平静，继续着对理想的执著追求与探索，UNIX、Linux、Http、FTP等网络技术性问题和黑客技术成了中国黑客的主要话题，无力的反击让中国黑客开始有了新的反省，同样也激励起他们旺盛的斗志，他们如饥似渴地摄取技术养分，黑客技术性网站也开始逐渐增多，新的黑客技术高手也再次涌现，这一时期最具代表性的技术性黑客当属流光、溯雪、乱刀等黑客软件的开发者——小榕，以后的日子中，小榕执著的追求着自己的理想，使流光等这些优秀的软件在一次次升级与完善中走进了世界优秀黑客软件的舞台。

1999年中国的互联网用户突飞猛增，创造了历史同期增长最快的水平，但是那一年也成为了每一个中国人和中国黑客难忘的一年。这一年在中国黑客发展的历史上是永远不可抹掉的一笔。那一年的4~5月份以美国为首的北约以种种借口对南斯拉夫塞尔维亚共和国发动了战争，随后的日子里中国人民在各种媒体发表了对正义的声援，网络上更是掀起了对美国霸权主义的批判浪潮。但是就在5月份，美国的轰炸机竟悍然轰炸了我驻南联盟大使馆。消息一经传出，举国上下为之震惊与愤怒，全国各高校学子更是义愤填膺，水木清华等全国各大网站论坛的帖子与信息流量达到了历史的最高峰。

在战争的初期，中国黑客的行动仅仅限于声援南联盟人民，并没有采取过多的过激行为。但当我驻南联盟大使馆被毫无理由地轰炸后，中国黑客又一次大规模地团结起来，纷纷开展了对美国网站的攻击。一直作为奋斗理想的美国黑客精神迅速被遗弃了，一时间，中国的黑客没有了自己心目中的精神领袖，有的只是满腔的愤怒。在中国大使馆被炸后的第二天，第一个中国红客网站诞生了，同时也创造出了一个新的黑客分支——红客。中国红客网站长在看完中午的新闻后，以半个小时的时间做完了这个网站，并初步定名为“中国红客之祖国团结阵线”（随后的7月份改名为中国红客之祖国统一战线），以宣扬爱国主义红客精神为主导，网站宣言中不乏铿锵激扬的爱国词语，并引用了毛泽东青年时的话语：国家是我们的国家，人民是我们的人民，我们不喊谁喊？我们不干谁干？极负煽动力。网站在短短的数天内访问量已达50多万，并出现在新浪网的新闻链接中，中国红客从此成为了世界黑客中特殊的一个群体，爱国与团结是他们永恒的精神理念。那次黑客战争中，全世界的华人首次团结一致，众多美国网站被攻击，大规模的垃圾邮件也使得美国众多邮件服务器瘫痪失灵，这次伟大的卫国黑客战争取得了全面的胜利。

一切刚刚回归宁静不久，就在7月份，台湾李登辉突然抛出了“两国论”，海峡两岸局势顿时紧张。中国黑客依靠对美网络反击战中总结出的经验，迅速地攻击了台湾“行政院”等网站，并给许多台湾服务器安装了木马程序，导致很多鼓吹台独的网站服务器长时间瘫痪。值得一提的是，此次安装的木马程序由美国的BO首次改为了中国黑客自己研发的“冰河”与NetSpy。而木马冰河也成为了中国黑客最为钟爱的木马程序。

木马冰河是中国黑客史中必须提到的一个软件，它由中国安全程序员黄鑫编写，黄鑫在开发这个软件最初版本的时候并没有考虑到它能够作为一个特洛伊木马来使用，但随后冰河疯狂流行于黑客手中，很多用户在不知不觉中被冰河控制。早期的冰河还不能算是一个好的木马软件，随后黄鑫用了大量的时间对冰河进行代码重构，冰河 2.2 版本诞生了。新版本的冰河迅速流传出去，并让大批初级黑客快速地步入了黑客这扇大门。中国黑客软件的开发从此走向了新的纪元，再次之后，黑洞、网络神偷、灰鸽子、XSan、YAI 等众多优秀的国产黑客软件纷纷涌现，黑客也开始出现商业化迹象，由前“绿色兵团”成员组建的“中联绿盟”网络安全公司成立，正式开始了黑客向商业化迈进的脚步，中国黑客逐渐成长了起来。

2000 年成为了中国网络最为辉煌的一年，网吧也在全国各地蜂拥出现，上网的人群更是增加了一倍多。一时间“你上网了吗”成为了流行问候语。与此同时中国的黑客队伍也在迅速扩大着，众多的黑客工具与软件使得进入黑客的门槛大大降低，黑客不再是网络高手的带名词，很多黑客很有可能就是一个嘴里叼着棒棒糖手里翻着小学课本的孩子。也正是因为这种局面的出现，中国黑客的队伍开始杂乱。

2000 年初“东史郎南京大屠杀”事件的败诉再次激起一些黑客的民族主义情绪，国内部分黑客发动了针对日本网站的攻击，也对一些台湾网站发起攻击。由于并没有太多的轰动力而没有产生多大的影响，反而值得注意的是很多国内的黑客组织犹如雨后春笋般纷纷诞生。此外也是在这一年，一个全新的概念“蓝客”被提了出来。这时国内的黑客基本分成三种类型，一种是以中国红客为代表，略带政治性色彩与爱国主义情结的黑客；另一种是以蓝客为代表，他们热衷于纯粹的互联网安全技术，对于其他问题不关心的技术黑客；最后一种就是完全追求黑客原始本质精神，不关心政治，对技术也不疯狂追捧的原色黑客。当然在这一年中，中国黑客群体的扩大导致了众多伪黑客的出现，在这些伪黑客群体中以满舟的炒作《黑客攻击防范秘笈》事件最为突出。这名自称为中国安全将军的高中生少年抄袭了国内大量黑客的文章和作品，然后堂而皇之地署上自己的名字交由一家电子出版公司炒作出版。这本错字连篇且只能算是电子出版物（电子出版物与正式书刊不同）的小册子把中国伪黑客的行为推向了极致。此后很多对技术一窍不通的伪黑客以各种方式上演了一幕幕的闹剧，不但亵渎了中国黑客的精神，也成为中国黑客史上最为肮脏的一幕。

跨入新的世纪后，日本的排华情绪日益嚣张，三菱事件、日航事件、教科书事件和“台湾论”等激怒了中国黑客。由国内几个黑客网站牵头，组织了几次大规模的对日黑客行动，这个时期一些傻瓜型黑客软件也涌现出来，最为著名的当数孤独剑客的“中国男孩儿”。技术门槛的降低致使很多青少年黑客出现，现成的工具、现成的软件武装了这些对网络技术一无所知的青年，但也造成了后期的年轻黑客对技术的无知与轻视。

2001年4月1日，我国南海地区发生了“中美撞机事件”后，美国一个名为PoizonBOx黑客组织率先向我国的一些网站发起了恶意的进攻。中美黑客产生了一些小的摩擦。到了“五一”期间，许多中国黑客拿起了手中的武器，大规模地向美国网站展开进攻，并号称有“8万人”之多。但事后证明只不过是一群小孩子的涂鸦游戏，再经媒体炒作后上演了一场“爱国秀”的闹剧。8万人中大多数对网络知识一无所知，所使用的方式竟然仍是几年前的垃圾邮件和Ping，此外很多伪黑客用PhotoShop制造出的大量的虚假信息也成为这次“爱国秀”的最大败笔。不过由于此次黑客行动的炒作，导致了众多媒体对中国黑客的关注，让很多人了解了中国互联网上的这一特殊群体。

在随后的反思中，中国黑客思想开始逐渐成熟，众多黑客纷纷再次回归技术，没有再热衷于媒体的炒作。黑客道德与黑客文化的讨论和延伸也让中国黑客逐步地重返自然状态，致力于对网络安全技术的研究。

相对于现在的中国黑客现状来说，中国黑客针对商业犯罪的行为不多，报刊上出现一些所谓的商业黑客犯罪行为，实际上多属采用物理手段，而非网络手段。尽管见诸于报端的中国黑客行为多体现为某种程度上的爱国情绪的宣泄，但是黑客行为毕竟大部分是个人行为，如果不加引导，有发展成计算机网络犯罪的可能。客观地说，中国黑客行动对我国网络安全起到了启蒙作用，没有黑客，就没有网络安全这个概念。同时，一批黑客高手已转变为网络安全专家，他们发现安全漏洞，研发出众多安全技术和安全软件，对我国计算机或网络的发展作出了贡献。

“农民网吧”——农村经济新的腾飞点

农民问题是中国的大问题，农村发展是中国发展的关键。天津市 2006 年将在西青、北辰、汉沽、津南、武清等地建立 100 家“农民网吧”。通过“农民网吧”，天津农民足不出户就可以了解各方面的致富信息，上网农民还可实现互动，现场发布农产品生产和销售信息，并进行网络交易。网吧让农民看到了新的希望，让农村找到了经济腾飞的新支点。

农民网吧：新农民用数字智慧躬耕垄亩

不出村知天下“市”

种紫荆、紫薇是个致富的好法子，树苗虽好却卖不出好价钱，这可怎么办？

宿州市埇桥区祁县镇忠义村村民周成锦种植紫荆、紫薇等苗木 30 多亩，由于信息闭塞，多年来只在本市销售，常常卖不出好价钱，这使他一度有放弃种植的念头。这时，他知道了“星火科技 110”。

“星火科技 110”就是安徽农网把互联网资源与电话结合而开通的服务热线 1606110。这个咨询系统设置了 10 个主信箱和 55 个分信箱。主信箱包括市场预测、价格行情、供求热线、劳务培训、农事气象、养殖技术、乡间万象、党员教育、种植技术等。电话日益在农村普及的今天，这种形式成为农民获取信息的捷径。

周成锦抱着试试看的心理拨打这一热线。农网信息台服务人员立即把他提供的苗木供应信息在安徽农网上发布，先后引来了浙江省长兴县、合肥上派镇、安徽园林公司、合肥九狮公司、安庆菱湖公司等客商。仅安徽园林一家公司，一次就向他订购了紫荆树苗两万棵，交易价格10万元。他高兴地说："多亏了星火科技110，不出家门就知行情。"如今，在他的带动下，很多村民也积极种植花草苗木，忠义村成了远近知名的苗圃村。

阜阳市颍州区程集镇张郢村农民通过上网了解到，由于广东一些地方遭受水灾，蔬菜价格上涨，于是，一些农民及时采摘村里的300多亩茄子运往广东省，每市斤比当地多卖出了一块钱，扣除运输成本，农民一亩地就可以多收入3000元。张郢村支部书记安泽华告诉笔者，过去农民到镇上查找一条市场信息要掏50元钱，自从"农民网吧"开通后，农民不仅可以免费获悉市场信息，而且可以上网发布农产品信息，现在全村有80%以上的种、养殖大户开始走进网吧，了解市场。正在网吧查找信息的张郢村农民谢景力说，过去因为缺乏市场信息，搞种植、养殖最担心的是卖难。如今，村里有了"农民网吧"，可以随时了解市场行情，现在农产品不仅卖得出去，而且还能卖出好价钱。

农村信息传播"最后一公里"的问题，在全国农业信息化工作中一直是个难点。"我们通过广泛的调查认识到，由于农村和农民自身情况的多样性，单靠一种手段很难满足农民对信息的渴求。我们采取的办法是'三电一报'，即电脑（互联网）、电视、电话和报纸，立体服务农民。"赵少平介绍。据了解，目前安徽农网在有条件的行政村都建立了信息服务站，各市信息中心与当地电视台开辟《农网信息联播》节目，定期出版《农经信息快报》，让农网的信息最大可能地传播到农民中。

收“信”收获的甜蜜

一天2块钱能派多大用场？一个月2块钱又能做些什么？

2005年4月，望江县泊湖乡东升村村民史国庆写信给安徽省政府，反映本村600多吨水蜜桃销售难问题。安徽农网接到了安徽省政府办公厅批转的这封信。

基于东升村地处山区、通信成本高昂的情况，安徽农网为该村开通农网致富短信“绿色通道”，对所有的求购信息优先监控、优先发布，把求购信息都通过短信平台发到史国庆等果农的手机上。果农们通过农网致富短信，与山东、北京及本省客户达成了水蜜桃销售事宜。

这是农网短信为农民服务的一个典型事例。为将运营商的通信资源和安徽农网的信息资源有效整合，开发出为农民服务的新手段和新途径，安徽农网进行了积极探索。

2005年初，安徽农网与移动安徽分公司和联通安徽分公司达成合作意向，整合各自优势，共同打造农网致富短信服务项目。考虑到农民的承受力，农网把服务费用定在每个业务项目包月2元。系统刚一开通，就在当年的夏收季节发挥了效益。

安徽省农机局和安徽农网合作，及时将麦收信息收集整理后，利用农网致富短信平台向农机手免费提供跨区作业期间麦收区天气状况、麦收区收割作业需求、农机调度及农机政策、市场价格等信息服务。据统计，夏收期间全省共有3万多用户接受手机短信服务，3 万多个农机所及乡镇农机站根据用户需求，及时派专职农机手通过短信与作业地区取得联系，沟通供求信息，落实收割任务。农网致富短信在农机手中引起了强烈反响，后来许多用户通过短信发来感谢信息，称赞农网致富短信是农民致富“掌中宝”。

安徽农网与两家运营商还陆续开发了农网信息致富系列服务系统。该服务系统有致富短信、致富 WAP（手机上网）、致富共享集团和致富热线四个部分。据了解，致富短信开通不到一年时间，就发展用户两万多名。

“农民网吧”网住农民

农村有网吧，农民也有网虫。“先锋网”的农民网虫可不是沉迷网游的“先锋”。

阜阳市颍东区正午镇横山村蔬菜种植大户岳振启是该村“先锋在线信息点”的常客。他自称是农村的第一代“网虫”，拥有自己的电子邮箱，是安徽农网的注册会员。他兴奋地介绍，村里建起“农民网吧”后，自己也有了“上大学”的机会，能与专家在网上面对面沟通。他多年未能解决的不少技术难题，在网上找到了答案。同时，通过网络，他与全国各地 17 个商贩签了订单合同，再也不愁蔬菜卖不出去了。

依托乡镇、街道党员电教工作站和“安徽农网”信息服务站，安徽全省范围内陆续建起了“先锋在线工作站”，又依托村、社区党员电教固定播放点，建立了“先锋在线信息点”。

作为先锋网向街道、乡镇的延伸，安徽阜阳建立了以“先锋网”为载体、以“安徽农网”为依托的阜阳市党员干部现代远程教育平台，也就是阜阳先锋网。这些信息站（点）

被农民称为“农民网吧”。

“农民网吧”的建立，让广大农民开始与网络结缘。在网上，他们不仅可以了解国家政策、农业科技信息，甚至开始上网做生意。阜阳市颍东区訾营社区有不少居民做水果生意，原先只知从陕西省拉水果，路途遥远、费用高不说，因为运输时间长还导致不少水果腐烂，影响了收入。“农民网吧”建立后，商贩们从网上了解到山东省水果市场价格较低，就从山东拉水果，不仅路途近、用时短，价格也合适，感觉钱好赚多了。另外，他们还在网上发布供求信息，与外地果农建立合作伙伴关系。

在“农民网吧”开办不到一年的时间里，阜阳市已有50万农民“入网”了解信息，5万多名农民依靠“农民网吧”走上脱贫致富之路。“农民网吧”助农民致富的同时，还带来了意想不到的变化：农村赌博现象减少了，取而代之的是干部群众围着“农民网吧”转，在网上寻找致富信息。

六旬老汉的新事业

谁说农民就不能走在信息化的前列？谁说老人家在信息时代就会落伍？

安徽萧县白土镇农民王世武年过六旬，已到了“退休”的年龄，但他这两年却成了村里的大忙人和名人。他是本村第一个自费买电脑的村民，并成立了“白土镇世武信息服务部”，把为村民提供信息当成了自己的事业，每天上网成了他的固定“功课”。他把从安徽农网上获得的最新信息笔录下来，然后发布在信息公告栏里，还把村民的一些供求信息或意见呼声传到网上。对此，王世武乐在其中。他说：“没想到老了还能干这样的新鲜事，想起来就叫人高兴。”

和王老汉一样，遍布安徽乡镇的信息员成为农网信息忠实传播者。这些信息员大多是当地的致富能手或头脑灵活的能人，他们有很强的示范作用。

马鞍山市雨山区向山镇石马村王爱民是该村的农网信息员，也是花卉苗木种植大户。他说，前几年自己只能靠订些报纸来获取有关花卉苗木栽种方面的知识。自从村里通上农网后，全国各地的种苗信息随时都能够查到。现在通过正规的“安徽农网”等网站发布种苗求购信息和查找售苗信息不仅方便，而且非常安全。前段时间他移栽的郁金香、一品红、仙客来、凤梨等苗木，就是通过农网求购的。村里其他种植户也从这些信息中受益。

据赵少平介绍，目前农网在安徽已拥有专职信息员2132人，中外专家顾问79人，在全省3300多个有条件的村建立了村级服务点。安徽农网越来越让安徽农民离不开了。

信息由难到容易

相对于资讯发达的城市来说，农村的“信息贫困”正成为影响农民致富、农村发展的一大障碍。两年多来，阜阳市已建立600余所“农民网吧”，让农民免费了解农业技术、市场行情、劳务和气象等信息，按照市场需求安排生产和经营。“农民网吧”的建立，让广大农民能够通过网络分享现代文明，也给农村社会带来了很多喜人的变化。原本农闲便无事的农民，正围着电脑积极寻找着致富信息和发家的本领。

2004年7月以来，阜阳市已先后在235个村建立了被农民喜称为“农民网吧”的农村党员干部现代化远程教育接收点。2005年7月，阜阳市组织部门与气象部门联手，建立了以阜阳先锋网为载体、以安徽农网为依托的阜阳市党员干部现代远程教育辅助网络平台。之后，经电信部门大力支持，首先在全市选择了具有一定条件的行政村，建立了农村党员干部现代化远程教育接收点，配备电脑、投影等设备，并对部分基层党员进行了网络技术培训，建立“农民网吧”。“农民网吧”不仅为农村干部群众学习党的路线方针政策搭建了新平台，而且成为广大农民了解农业科技，寻找市场信息的重要途径。2006年，全市已有50万农民网民走进“农民网吧”了解信息，“农民网吧”为化解农业信息下乡的最后一公里障碍探索出一条新路。

阜阳市委组织部党员电教中心主任李平介绍说，阜阳农民很多还生活在非常闭塞的环境里，他们与信息时代和信息社会近似隔绝，是对信息需求最迫切的一群。阜阳市通过党员远程教育网络，在村里建设“农民网吧”，是化解信息入乡难的一个尝试。当前，我省取消了农业税，并实施粮食补贴等一系列惠农政策，农民从事农业生产的积极性大增，但是，在农村“信息贫困”成为影响农民脱贫致富、提高生活质量的一大障碍，一年来，“农民网吧”给农村带来了一些意想不到的变化，如今许多地方赌博的现象大大减少，取而代之的是广大干部群众围着“农民网吧”转，在网上积极寻找致富信息。李平还介绍，当前阜阳市有农民网吧的村有235个，只占全市的8%，当前要做的是推广普及“农民网吧”，让更多农民受益。

所谓“农民网吧”，其实是一个电信、农业、组织等部门参与建设的面向农民的网络平台。为更好地服务农民，工作人员把网络上关于农产品价格、农业技术、劳务和气象等信息的网站，集中连接在一个平台。这样一来，农民只要轻点鼠标就可以了解到丰富的涉农信息。村民吕全德对“网吧”很信服：“我家的小麦现在每亩产量超过700斤，比原来多了200斤。

庄稼遇到问题，我就来网吧看看资料，自己诊断自己解决。网上也有粮食市场行情，我心里也有数，卖粮食能争得好价钱。"

蔬菜种植大户赵少举也是"农民网吧"的常客。由于掌握种植技术、了解市场行情，他今年种的12亩茄子都卖出了好价钱。赵少举在地头向笔者盘算："茄子批发给商贩的价格是一块三，一亩地就比往年多赚了一千多块，12亩地就赚了一万多块。"就在这个时候，另一个青年农民正满脸无奈地抱怨："阴雨天不断，我家的茄子卖不掉，都烂在地里了，这可怎么办啊！"路对面就是他家的蔬菜地。赵少举轻松地解释了原因："他不懂行情，现在哪里还会好卖。我的茄子成熟早，打了季节差，已经在高价的时候卖完了！"赵少举还得意地说出了一句成语："知己知彼，百战百胜！"

农民网吧给农村带来了什么？

天津市西青区张家窝镇农技推广站，自建立农民网吧以来，农业技术推广的模式发生了质的飞跃，谈起农民网吧，当地农民一致称道"要致富，上网吧"。

2001年天津市农业信息化工程的春风吹到了张家窝镇。镇政府从城市方兴未艾的网吧大战中获得启示，决定建立农民自己的网吧，他们的想法得到了天津市科委及西青区政府的大力支持。2001年下半年，张家窝镇政府腾出100平米的房间，同时投入43万元，接入了宽带网，购置40台性能优良的计算机，建立了专门为农民提供信息服务的"农民网吧"，安装了天津市农业信息化工程为方便农民上网的软件"津沽农信一点通"，镇政府安排专人负责接待、指导农民上网，摸索出一条较好地解决农业信息化过程中普遍存在的“最后一公里”问题。从此，张家窝镇的农民真正成为农业信息化的主体与最终受益者，农业技术推广及农业结构调整也发生了明显的变化。

“农民网吧”改变了传统的农技推广模式

张家窝镇农业技术推广站，拥有6名技术人员，面对全镇16村的7500户农民进行农作物、果树、畜禽养殖、特色养殖等方面的技术指导显得力不从心。自实现农业信息化工程后，技术人员定期接受天津市科委的统一培训，使他们提高了计算机操作技能，明白了智能化农业专家系统的使用方法，掌握了许多新的农业实用技术，能更有针对性地为农民提供技术服务，改变了以往服务不到位的问题，及时提供农民需要的优良品种、化肥农药、实用技术；同时，将农业技术推广由技术人员上门服务，转变为农民主动到“农民网吧”要求服务，大大提高了农技推广的效率与范围。

提高了农民的科学文化素质

张家窝镇农业信息服务中心利用农民网吧定期对农业专业技术协会会员、农业合作社社员与种养殖大户等进行计算机操作、专家系统应用、农业实用技术等方面的培训，目前已直接培训1000余人次，通过各类培训，广大农民的科技意识明显提高，更多的农民通过“农民网吧”掌握了各类先进实用的种养殖技术，提高了他们进行农业结构调整的自觉性。

取得了明显的社会经济效益

事例一：促进了农业结构调整。农民通过上网查询，结合当地生产实践，确定了大田种植与经济作物调整的比例，明确了农业生产整体由种植业向养殖业调整的总体思路。农民在网上了解到当前冬枣的种植具有较大的市场潜力，便由镇政府组织，约10个村的农民种植了冬枣，种植面积达3000余亩。

事例二：解决了农产品卖难的问题。面包虫养殖是张家窝镇近年来发展迅速的一个产业。但由于市场信息不通畅，造成部分农民的养殖产品没有销路，使农民的利益受到损失。镇农业技术协会了解到这种情况后，通过农民网吧在网上发布了供求信息，在很短的时间内，就吸引了东北、上海、广州等地的大批客户，纷纷来人、来信订购面包虫，积压的产品不但销售一空，且价格比以往高出两成。现今面包虫的养殖销售已稳定地占据了国内市场60%的份额。

事例三：促进了畜禽养殖业的发展。张家窝镇农民于东兴上网了解到德州农科院繁育的肉羊品种美利努羊有较好的市场前景，花3万余元引进了该品种，预计可实现10万元的利润。另外，有的农户通过上网，在网上与香河正大饲料集团联合建立了肉鸭养殖基地，每户投资15万元左右，年产肉鸭150万只，年创利润达121万元。农民从鸭舍的选型、品种的选择直至日常管理，均是在网上实施的。

事例四：提高了当地信息化的水平。农民网吧的建立，吸引了乡镇企业领导、营销人员利用网络管理企业和开展电子商务。该镇已有10余家企业在互联网上建立了主页，有3家企业实现了EIP管理，有一家企业购买了OA软件，实现了企业的办公自动化。

事例五：促进了农技推广站的良性发展。农民到“农民网吧”上网获取及发布信息是免费的，而农业科技服务中心通过采集、编辑、加工的信息是有偿的。另外服务中心建立了占地200余亩的试验示范基地，通过引种优良经济作物，突出示范效果，结合农药、化肥、种子等农业生产资料的销售，实现了农技推广站生存与发展的良性循环。

事例六：组织农民实施了2000亩小麦智能化农业专家系统应用示范工程，通过开展智能化农业专家决策系统的应用与示范，示范区小麦亩产提高10%，成本降低5%，综合效益提高15%。

由于“农民网吧”所起的作用，当地农民满怀热情的称道“要致富，先修路对咱们张家窝已经过时，要致富上网吧是我们新世纪的响亮口号”。

农民网吧好处多

“农民网吧”服务于民。农民在生产发展中急需了解一些种植、养殖知识和市场供求的信息，却因条件有限无法实现。在电信部门的支付下，通过引进社会资金的方式，“农民网吧”成立了。通过“农民网吧”，农民们学习种植、养殖知识，了解市场行情，开展农业生产和经营，并获得可观的经济收益。

防疫防治，信息及时。对于农民来说，每年最关心的就是地里庄稼生长情况。以前由于相关信息传递缓慢，在虫害发生后，往往错过了最佳防治时间，造成损失。而“农民网吧”出现后，他们可以随时登录市、县农业部门的网站，实时掌握虫灾的情况，根据农业专家的指导进行防疫防治，还可以将自己庄稼的实际情况，通过QQ、邮件向专家进行反馈，从而获得有针对性的指导。这一互动过程，使农民在第一时间内获得信息，采取措施，确保庄稼成长。

熟知价格，运筹帷幄。相对于资讯发达的城市来说，农村的"信息不灵"正成为影响农民致富发展的一大障碍。借助于"农民网吧"，这些土生土长的农民，可以看到政府对粮食的保护收购价，使自己在出售粮食的时候，不再被蒙骗。有些人根据网上的信息，栽种各地紧缺的农产品，并且用网络向外宣传，以至于有些农产品还长在地里，就被订购了，相比之下每亩地的收入更高了。更有一些聪明的农民兄弟，利用全国各地相同农产品的价格差，做起了这方面的生意。他们派人到两地考察，然后组织资金进行买卖，不费什么力就赚到了钱。每当这时，他们总会说："多亏了网吧老板，我才能赚到这个钱呀。"

劳务输出，一举多得。随着农业机械化的普及，农村剩余劳动力也越来越多。以前，这些人都呆在家里无所事事。通过"农民网吧"，在对网上的招工信息进行判断后，这些人踏上了外出打工之路。通过劳务输出，增加了农民的收入，还学到了外地先进的技术经验。有些外出打工人员，在经过几年的积累之后，也回乡办起了小企业，促进了地方经济的发展。

"农民网吧"的出路

着眼民生，关注农民等弱势群体，是对20余年来"让一部分人先富起来"为口号的"效率国策"的一种纠偏。要"效率公平兼顾"，甚至在某些时候把"公平"放在更重的位子上。所以，一条超常规的农村改革路径便可能成为改变"三农问题"的突破口，这就是"农村信息高速路"或曰"农村文化活动站"的优先发展战略。

若在农村的信息文化建设上重点投入，再辅之以鼓励建设小城镇等其他政策和投入的话，则完全可以达到事半功倍的效果。因为此举让农民的脑子"活"了，文化生活丰富了，知道哪里可以发财，如何才能致富，哪里可以维权，哪里可以得到好的教育。脑子一活，再加上其他政府扶持，则不论是城市化推动、腐败监督还是村民自治等，都可以取得比现在好得多的成效。“二战”后美国从德国“抢人才”、从苏联“抢设备”的经验教训告诉我们，得人才者得天下，有了高素质的人，才会有高质量的国家建设。若此，我国新农村建设何不效仿这些活生生的“先例”呢？

让农民至少一个村拥有一个“农民网吧”、“农村夜校”，让农民变成网民，通过努力是可以实现的，至少，在绝大部分先富和非贫困农村可以试行。

正是由于农民网吧在新农村建设中的重要意义，各省、市、镇级部门对农村信息化的建设都非常重视，对农民网吧的建设都提供了很大的扶持力度，有不少更是由政府、村镇管理部门牵头建设，并对相关的村镇干部进行统一的培训，并加强了宣传的力度。这样一来，在网吧的筹办、建设上都大开绿灯，而且在管理上，有关部门也参与其中，为网吧的有效管理提供了极大的帮助。

在大部分的农村网吧中，我们可以看到，店面装修环境虽然没有城市里的某些网吧奢华，但安静有序、规范干净、收费低廉。当地文化行政管理部门针对网吧统一制定一系列的制度，如《上网消费者须知》、《网吧技术管理员工作职责》、《网吧消防安全制度》、《网吧卫生制度》、《网吧信息安全管理制度》等，无论是消费者还是管理者，其权利、义务、责任都一目了然，这种制度的制定并及时宣传极有利于农民网吧以后的健康发展，这也是政府对农村网吧行业支持的一种表现。

以前，由于信息不灵，农民无法准确掌握大市场形势，农民通常是看天吃饭，种植一些易种的、平常的品种，然后再通过供销社或者到附近的县城找出路，被动的商业行为让农民难以走上致富路。

现在，各地农村相继建起了农业信息平台，将大量农业知识和市场信息通过互联网直接送达农民，鉴于农村网络设备配置以及农民本身的经济条件，各家各户自行配备网络设备短时期内难以实现，因此，农民就只有通过网吧来接触网络信息领域，可见农民对农村网吧的需求是很大的。

另外，网吧已成为移民和许多打工者与家人进行沟通、交流的重要场所，许多在外地求学的农村大学生和在农忙季节里回家帮工的农民工也都把网吧作为获取信息的渠道，比如说高考后，许多学生就是通过网吧查询成绩。

此外，网吧还成为农村地区文化娱乐消费的一个趋势，让交通相对闭塞的乡村也能及时了解文化科技的发展情况、接收新的文化信息，甚至通过网络购买到一些高新科技的产品，帮助农民增产增收。

由此可见，农民网吧虽然看上去规模较小，网吧所需的设备、环境等的要求不高，但却是一个很大的发展空间，而且对新农村建设有着重要的意义，可以说是生机无限。当然，要让农民网吧真正能担当起它的社会责任，实现农村信息化建设的意义，有关部门及网吧经营者都必须负起责任，对农民网吧进行一定程度的管理。比如说要切实做好未成年人进入网吧的监管、营业时间的监管、消防卫生制度的宣传及对初"触网"者一些适量的指导及辅导等，让农民网吧应用在最适当的地方，进而健康发展下去。

在建设新农村的宏观政策下，为了提高农村地区的信息化，全国各地的农村地区都陆续开办了不少农村网吧，有部分甚至是政府出面建设的免费网吧，给农村带来了新的机会和动力，其所展示出的意义及生命力是不容忽视的。

当今世界是信息的时代，网络的普及给了人们认识世界、接触世界的机会。在网吧成为社会热点问题、不断受到管制、打压的同时，农村网吧却受到政府及乡镇级部门的重视和扶持，其原因正是在新农村建设的大背景下，新农民需要新的文化和新的文化载体受到了重视。

农民网吧在新农村建设的呼声中具有化解信息入乡难、促进农村信息化的功能，农民可以到网吧去，通过网络接收到世界各地的资讯，寻找脱贫致富的机会，进而提高农村整体生活质量及素质。

今天，你博客了吗？

博客简单地定义，就是网络日志，即在网络上，按照日期排列内容的一种笔录形式。中国最早出名的博客是木子美的日笔《遗情书》，现在最牛的博客是徐静蕾的明星生活流水账。伴随着与博客相关的一系列新闻事件的高潮迭起，我国博客规模预计2006年内将达到6000万。拥有自己的博客成了网民们的时尚，其火爆程度甚至超过了几年前的网络聊天，作为一种社会交流工具，博客已经成为人们之间重要的沟通和交流方式。在这个网络时代，今天，你博客了吗？

从500强总裁玩博客说起

2000年，博客开始成千上万地涌现，“9·11”事件成为Blog发展的分水岭。正是这场恐怖袭击，使人们对生命的脆弱、人与人沟通的重要、最即时最有效的信息传递方式有了全新的认识。可以说对“9·11”事件最真实、最生动的描述不在《纽约时报》，而在那些幸存者的Blog日志中。

据估计，《财富》周刊榜上有名的500强中，起码有两成企业的高管人员拥有自己的Blog。老总们勤奋地利用着博客，他们刺探、王婆卖瓜、与老对手打笔仗……网络上商战硝烟弥漫。大老板写博客，果然与普通人“对月伤怀”的小资情调大不同，他们给博客穿上了白领，打上了领带。

现在，越来越多的博客网站纷纷涌现，几乎所有大网站也都开通了博客频道，各种名目的“总裁博客”、“商业博客”、“名人博客”争相登场，好不热闹，市场研究人员也开始关注其能否带来经济效益。

比尔·盖茨曾在去年信誓旦旦，要推出他个人的博客。说归说，但全世界“比尔迷”脖子伸了一年多，都没看到他只字片语，倒是比他晚“申博”的Sun总裁乔纳森·施瓦茨，守约开出了他的博客。

每个月有3.5万人点击乔纳森的博客，其中包括他自己的雇员、学生、供货商、分析师、竞争对手和纯粹好奇的外围人士。有人想了解Sun系统的工作原理，有人想看看总裁去欧洲度假都安排了哪些余兴节目，无数双窥视的眼睛炒热了乔纳森的博客。

乔纳森乐得有人去看。“这样我就不必通过演讲和官方声明与外界沟通，当记者们误解我时，我也能直接在博客上纠正他们。”

乔纳森除了“温和地”纠正记者外，还在自己的领土上轰轰烈烈地和合作伙伴IBM打起口水战。Sun开发的系统平台Solaris10被IBM抵制，对方拒不肯在IBM机器上兼容这个系统。于是乎，乔纳森在博客写了一封“给IBM总裁Sam Palmisano的公开信”——“过硬的技术就摆在你们公司门口，顾客、合作商和商机排着队拍大门，这年头，哪还有零售商敢跟他们过不去?! 好了，我们就站在这儿，手持工具，等着帮你拆掉IBM的高墙栅栏……”在舆论的压力下，Solaris10很快通过IBM的“封锁”，入驻IBM每一台机器。乔纳森的Blog上不久后就出现“祝贺Sun和IBM打破界限”的新篇章。

讽刺归讽刺，乔纳森坦白地说，他每次落笔写Blog前，都要经过仔细思考。“我每发表1条信息，就可能意味着我另外写了10条但没有公布。这就是我与众不同之处。我得代表3.2万名员工说话，我必须得谨慎。”

由于美国证券市场法规规定，公司必须通过证券交易所声明或者具有公信力的新闻机构，例如路透社，向所有投资者同时披露市场敏感信息，因此乔纳森总抱怨他的Blog不够具有“爆炸性”，无法比拟自己公司另一个Blog红人——“玛丽玛丽十足叛逆”的风趣诙谐。

大老板写博客，他们给博客穿上了白领，打上了领带。但如果你的印象仅仅停留于此，那就大错特错，因为博客的本质在于草根。

博客——中国人网络生活的“新宠”

近来，随着中国国内门户网站的强力介入，中文博客无疑成为网民们关注的最大热点。有统计表明：从2005年7月开始，中文博客的数量正以每日数千人的速度“井喷式增长”。博客究竟具有什么样的魅力，竟在短短时间内一跃成为中国人网络生活的“新宠”？

●渴望交流

一位年轻的作者Anni在其博客的第一篇文章里说道：“想到写下的这些文字可能会被很多人围观，心里便有些打鼓，写出的字像已出的孩子，要为其终生负责。说到文字，虽然其生产过程容易，但也难以管理，于是，心里不免生出些自作多情、作茧自缚的惴惴来。”

她大概不是第一个把博客比作孩子的人，也不会是最后一个。这个老生常谈的比喻却恰如其分地表现出相当一部分网民对自己博客的态度，既细心地呵护，又渴望和朋友们交流对种种事情的看法。

“代忘”是居住在广州的一位年轻编辑，他从在北京大学哲学系读研究生的时候开始写自己的博客，这里面笔录了许多他关于哲学问题与现实问题的思考，更保留了许多小范围内论争的痕迹。“每个想写作的人都可以在博客上写作，写作变成了很大众的东西。”他说，“在这里，人和人之间也更彻底地袒露自己”。

很多中文博客作者其实都受过高等教育，他们平时都呆在写字楼里的办公室、公司的隔板间或者大学的宿舍里，面对着电脑屏幕进行工作和学习。写博客、阅读博客是繁忙工作的调节，甚至还是他们精神生活的寄托。这里有日常的嘘寒问暖、生活中的迷茫和感慨，也分享着思考与快乐。博客的文章不一定每天都更新，但是，围绕着这些文章和大家感兴趣的问题，他们却可以和自己的朋友，有时候是闯入这片“自留地”的不速之客展开热烈的讨论。这些平日里躲在电脑屏幕后的“眼睛”，通过敲打键盘传递自己的真诚。

●与名流同行

博客一度被认为是和公开媒体完全不同的发声空间。有不少专家甚至概括出“博客精神”——“草根的、匿名的、真实的”。但是当门户网站把名人与博客“捆绑”在一起强势推广的时候，却收到了意想不到的效果。

点开新浪博客的首页，我们可以看到很多耳熟的名字：写小说的作家余华，唱校园民谣的歌手高晓松，做房地产生意的潘石屹，还有“超级女声”张靓颖……每一个名字都意味着属于主人的一部分生活世界可以用博客的形式向你打开。

张海迪在上世纪80年代是一代中国青年的偶像，现在她可以通过博客来影响更多的人。张海迪在她最近的博客文章中谈到了自学英语的往事，有一张照片附在文章前面，是她70年代所用的《英语900句》和日文字典，已经残破不堪，可以看出主人当年所下的功夫。系统显示有近4000人阅读了这篇文章，40多人回帖留言。一位名叫“天台之音”的网友说：“海迪姐，25年前你的事迹感动着我们那一代学生。今天看到你的自学英语经历和勤奋的写作活动，再次感动我。我将你的事迹讲给上中学的儿子听，激励他学好英语！”

名人们的博客似乎一下子给普通网民们的生活注入了活力。原来偶像们可以这么平凡，一样为工作上的事情繁忙，一样为家里的事情奔走，一样为朋友的误解而挠头。人们和名人的心理距离一下子被拉得很近，就好像在余华的一篇文章后，一位匿名的“粉丝”（fans）跟帖写道：“余华兄弟，你真好！”

●走出信息的迷宫

有专家指出：互联网的出现，从根本上解决了人类信息稀缺的问题。面对信息海洋，人类不得不面临一场新的挑战：超越信息，将信息转化为知识。

从这个意义上说，博客最大的活力其实在于其对信息的选择、整合能力。在这个信息时代里，博客们不一定是知识的生产者，但一定是知识的管理者。他们往往从自己所从事领域的专业视角出发，对自己每天“遭遇”到的大量相关信息进行整理和拣选，形成一种有专业浓度又深入浅出的信息，供志同道合的朋友与有兴趣的访客浏览和使用，使他们得以避免陷身于信息迷雾中不知所措。

最早在中国推广博客的方兴东在《博客宣言》中这样描述他心目中的博客：“他们像远古的炼金术士一样对知识充满

痴迷。他们想率先走出信息迷宫，他们乐于向人们分享在信息海洋里的冒险历程，为后来者开辟一条条成熟的航线。他们是信息时代的麦哲伦。”

博客“从寡众走向大众”

“超女”张靓颖2005年10月6日在新浪的博客落户。借助“超女”的巨大人气，她的一篇《致全体北京凉粉的信》，一度占领了新浪Blog人气排行第一的位置，排在后面的是著名作家郭敬明、张海迪和余华的博客。在新浪火热启动国内首届博客大赛之际，诸多知名人士纷纷进驻新浪，掀起了一股热烈的博客潮流。博客，这个一向只是少数人写给少数人看的领域，正在从寡众走向大众。“2005年或许可以被看成是中国的博客元年。”一位国内知名的博客这样说。

近几年来，中国博客的数量正以几何基数的速度增长。有业内人士认为，博客不仅仅是一种网络现象，从深层意义上说更是一种文化的诠释。借助于门户网站迅捷有效的传输率和广泛而全面的覆盖力，这种既私密又公开的微妙关系衍生出了无穷想像空间。因此，如果说博客的出现给互联网带来了巨大的冲击，那么门户网站与博客的结合所带来的震撼，不亚于一场互联网内容的革命。

国内著名博客、2005年德国之声世界博客大赛评委安替认为，在博客的使用中，在中国出现两个词，一个叫网志，一个叫博客，分为南北两派。网志派的不会用博客这个词，而博客派的也不用网志，在中间的觉得无所谓的就用Blog。他认为博客这个词的翻译，从语言学讲更适合传播，而网志不太容易传播。Blog在来到中国之后，已经和美国的样子不一样了。西方 Blog 还是非专业性的。中国的 Blog，很多都是媒体层面的人员，在写 Blog 的时候，有两种写法，一种是比较新闻的专业主义的，另一种是娱乐性的写法，即便是娱乐性的写法也是专栏式的。中国博客精英和美国的专栏群在很多方面是吻合的。

2005 年 9 月 8 日，新浪网推出了博客产品 Blog Beta 2.0，成为国内首家推出博客频道的门户网站，并于 9 月 26 日发起“中国首届博客大赛”。据悉，比赛最终将产生最佳博客，最佳 IT 评论博客，最佳商业评论博客，最佳私人日志，最佳设计博客，最佳移动博客六类大奖。

与此同时，搜狐也宣布酝酿已久的首届全球中文博客大奖赛正式开赛。搜狐对参赛者提出的条件是：只要使用的是中文写作，内容健康，都可以参加此次大赛。

在博客大赛火热进行之时，余秋雨、余华、刘震云、陆天明、张海迪等这些重量级作家纷纷在网上开始建博客，开放式地和网友交流，并得到了新浪等网站在显要版面的力推。分析人士认为，这些比赛和作家加盟，进一步推动了国内博客水平的提高；同时，也进一步吸引了更多的普通读者关注博客，加入博客，使原本仅限于小群体的博客走向千家万户，让“今天你博客了吗”成为新的时尚词。

博客的兴旺在很大程度上来自于整体的水准和人气。门户为博客创造了飞速发展的契机，分析人士认为，传统的门户网站是以信息发布为主，网民只能被动地接受而不能有所选择。博客的推出是一个从被动到主动的转变，每个人都可以拥有属于自己的空间，每个人的个性都可以在博客的平台上展示。门户网站与博客的结合，使得互联网的内容得以进一步延展并产生更多的创造性内容。

一直关注博客发展的IT评论者张栋伟认为，博客的出现，与其说是技术的进步，不如说是社会形态的进步。他说，这个和BBS本质相同的个人言论中心，满足了自己便利地宣讲自己观点的需要，且不需要预审即可发布，仅仅通过个人推荐传播即可建立读者群体，形成媒体效应。通过和读者的直接互动留言交流，可以完善自己的观点和提高自己的文笔能力，并进而完成自己由草根向精英的转化。

“博客是一场全民写作学习运动”，张栋伟说，“个人博客的过程，就是自己学习和提高的过程。”

另一种视角：博客成互动“新天地”

有人说：博客撰写的文章不等于个人日记，而是以个人的视角，以整个互联网为视野，精选和笔录自己在互联网上看到的精彩内容，为他人提供帮助，使其具有更高的共享价值。也有人说：博客的教育意义在于将互联网从过去的通讯功能、资料功能、交流功能等进一步强化，使其更加个性化、开放化、实时化、全球化，把信息共享发展到资源共享、思想共享、生命历程共享。

当社会各界都在探讨如何用好博客这把“双刃剑”时，浦东上南中学给了我们一个很好的答案。32个班级班班有博客，并开创性地成立了上海市首个“班级博客联盟”。班级博客正在该校学生的生活中扮演着越来越重要的角色，真正成为了上南学子心中“入学即有的班级网志、毕业不散的网上家园”。

打开上南中学班级博客联盟的网页，班主任健康小帖士之喝水时间表、神六升空的图片、同学们齐心协力的拔河照片、

CCTV的新闻视频剪辑、温馨的小提醒、班级新闻台、学生明星展示风采的窗口、学科教学课程的延伸拓展、父母参与班级教育的又一条途径……在这张神奇的校园博客的网页上，32个班级博客在列表上整齐排开，上南中学教师博客、上南中学科技社团博客……上南中学利用博客为学生们构建起一个全球化、数字化的，以学生自主学习、自主管理、人人平等、人人参与的“零”技术障碍的班集体建设平台，它为每个班级建立了一个网上家园，从此，开辟了网络上的德育教育新战线。

说到上南中学班级博客的创建，总设计师张正国老师打开了他电脑上一个又一个的文件夹，《课题动员书》、《关于班级博客的调查问卷》等，关于这个课题的论文就不下十几篇，甚至还有一份《开题报告》，严谨态度可见一斑。“当我最开始拿出这份开题报告向老师们演示时，他们都感到非常新鲜、好奇！”张老师笑着说。

张老师早在2003年8月就建立了一个自己的博客——《我和我的学生们》。慢慢地，张老师发现，仅仅把博客用作课堂教学的延伸和拓展，博客的功能还远未充分发掘，因为学习是以学生为主体的，如何让学生参与到博客的构建，参与到以个体自主学习为中心的学习型组织，网络虚拟学习社群的构建才是最重要的。于是，一个构想在他的头脑中开始萌发……于是，在张老师的建议和帮助下，他所教的上南中学2001级高一（3）班建立起了上海地区第一个中学生班级博客——《三班演义》，尽管“她”才刚诞生，还处在蹒跚学步阶段，但同学们的智慧已经在博客上得到了闪现。因为当他们有机会接触到新技术时，他们的学习兴趣和欲望也跟着一起高涨了。

在对上南中学100余位学生、40位老师的调查中显示，63%的学生认为校园博客对学习有些帮助；同时，认为校园博客有利于增强同学间沟通交流，增强班集体荣誉感和凝聚力的学生比例更是接近70%。在教师方面，62%的教师认为博客对学生更好地学习有一定帮助，将近一半以上的老师会在博客上与学生互动，希望学生在班级博客上有什么说什么的老师所占更是高达93%。但调查也显示，家长对孩子写博客的热情似乎并不高，甚至有些抵触。55%的家长不知道自己的孩子在写班级博客，40%的家长非常反对孩子写班级博客，认为浪费时间，只有23%的家长非常支持。

正是由于一些客观因素的制约，张老师班级博客的建立也遭遇了不少小挫折，每到这时，张老师也会到博客上来涂鸦心情。让他感到欣慰的是，不少学生在博客上与他推心置腹。

“每一个课题组成员及相关班级学生不得利用本班级或个人的博客网站发表反动、暴力、色情等不健康信息。如果有相关老师、学生或其他相关人员发布了违背上述条款的信息，将追究其法律责任，甚至介入司法刑事程序！”上南中学的班级博客《课题执行承诺书》上赫然写着这样的文字，要求各班博客的主要负责人签署一份。

由于网络社区的高度自由，使之成为人类文明、道德的真空地带，为了使“班级博客”能够正常有序地运行，学校对“班级博客”的各项工作进行了一些规范，一方面确立了一个行之有效的组织管理机制；另一方面，以此规范相关成员的权利、义务和责任。

博客的最大风险是什么？

新加坡的两位博客因发表种族煽动性言论被判刑。法官认为，在互联网上发表自己言论的权利不可能是毫无限制的，发表针对种族或者宗教问题的煽动性言论会引起社会的混乱。

其实，对于任何头脑正常的公民来说，这都是一个极其普通的常识，在新加坡如此，在中国更是如此。所以，这个事件值得深思。

在我国，关于网络言论自由问题，一直争论不休。稍具社会常识的人都知道，所谓言论自由，是有一定限度的，网络是社会的延伸，现实社会中法律所禁止的言行，在网上也会受到约束。自互联网向公众开放以来，上亿的网民已经形成了一个新型而复杂的虚拟社会，常有网民在论坛口无遮拦，对他人进行人身攻击，在一些敏感性政治问题上也是信口开河，为此而引发的纠纷屡见不鲜。

网络是虚拟的，而言论是有“数字”记录的。跑了和尚跑不了庙，不管你在什么地方上网，不管你在哪个网站发表言论，都会留下“铁证”。

新加坡惩罚网上煽动性言论，受坐的虽是两位博客，但受惊的应当是博客网站。

今年以来，博客类网站热得近乎发疯，笔者以为，这类网站商机固然巨大，但其中也潜伏着一定的政治风险。

首先，媒体必须对言论进行过滤。

博客是一个自由发表言论的空间，什么人都能上，什么文章都能贴，虽然网站拥有审查权，但注册者每天发表的言论数以万计，网站的编辑能看得过来吗？能看得那么仔细吗？能识别所有言论中违规违禁的元素吗？不客气地说，编辑不可能对所有敏感性言论都具有灵敏的政治嗅觉，一不小心，走漏了该禁未禁的言论，那就得吃不了兜着走了。言论是博客发表的，而载体是博客网站，后者能摆脱得了干系吗？国内一些著名媒体因某些文章而受到批评与处罚，甚至总编撤职，就是明证。博客类网站也是媒体，既是媒体，就必须承担过滤法律禁止的言论的责任，过滤不了，就必然要受到追究。

其次，国家对网站的监管在不断强化。

早在2003年4月1日，国务院新闻办主任赵启正就明确指出，国家鼓励网络媒体快速发展，在新的时期更好地为人民服务。原来有一种说法，认为网站无国界，不需要管理，这是不对的，目前有的网络媒体管理松散，造成网络上假新闻泛滥，对社会的负面影响很大。他特别强调，网络媒体必须加强管理，承担起社会的责任。

最近，国务院新闻办公室、信息产业部联合发布《互联网新闻信息服务管理规定》，对包括有关政治、经济、军事、外交等社会公共事务的报道、评论，以及有关社会突发事件的报道、评论，都作了强制性规定，第19条特别要求：互联网新闻信息服务单位登载、发送的新闻信息或者提供的时政类电子公告服务，不得含有下列内容：1. 违反宪法确定的基本原则的；2. 危害国家安全，泄露国家秘密，颠覆国家政权，破坏国家统一的；3. 损害国家荣誉和利益的；4. 煽动民族仇恨、民族歧视，破坏民族团结的；5. 破坏国家宗教政策，宣扬邪教和封建迷信的；6. 散布谣言，扰乱社会秩序，破坏社会稳定的；7. 散布淫秽、色情、赌博、暴力、恐怖或者教唆犯罪的；8. 侮辱或者诽谤他人，侵害他人合法权益的；9. 煽动非法集会、结社、游行、示威、聚众扰乱社会秩序的；10. 以非法民间组织名义活动的；11. 含有法律、行政法规禁止的其他内容的。

看到这11类被禁的言论，不能不为博客网站的编辑担心，你能分得清吗？由此又不能不为博客网站担忧，一旦犯禁你怎么办？

应当肯定，博客是一个好东西，应当发扬光大，但是，博客网站经营者要把好事办好，不要只顾发财，踩上了地雷，落得个鸡飞蛋打。新加坡对博客判刑一事，对中国的博客也应当是一面镜子，对中国的博客类网站更是一个警示。

关于博客的一些知识

什么是博客

Blog是网络日志的简称，该词源于“Web Log（网络日志）”的缩写，特指一种特别的网络出版和发表文章的方式，倡导思想的交流和共享。写Blog的人又称博客。博客可以以网络日志的形式简易迅速便捷地发布自己的心得，及时有效地与他人进行交流，表现形式丰富多彩，可以展现个性，是典型的网络新产物。博客大多是普通的网民，所以，博客一般被公认为“草根一族”。

博客在中国的发展

2001年11月20日，硅谷著名IT博客Dan Gillmor在“清华阳光传媒论坛”上宣讲博客，9个月后，博客中国（blogchina）开通，开始了博客在中国的全面启蒙和推动，2003年3月，南开大学百合Blog系统开通，中国科技大学Blog系统完成安装调试，开始进入测试阶段，博客在高校开始迅速发展。2005年7月1日，博客中国改为博客网，9月21日，新浪开通博客频道。目前中国的博客数量正呈几何级数增长，据估计，中国现有博客人数约1000万。

首份全球中文博客调查报告

2006年10月12日，首份全球中文博客调查报告在京发布。本次调查由中国最领先的新媒体、电子商务、通信及移动增值服务公司搜狐公司IT频道发起，通过在搜狐和国内主要博客运营商网站投放调查入口，由艾瑞市场咨询有限公司与清华大学新闻与传播学院副教授金兼斌博士最后完成报告。

调查报告涉及了从博客用户分析到博客服务提供商分析，从博客写作群体到阅读群体的特征分析等方方面面，其结论对人们认识博客这一新生事物有着重要的参考价值。

本次调查报告显示：70%以上的博客用户月收入不足2000元或无收入，学生也占了近一半，打破了认为博客是精英写作的误区，博客的平民化特征已经非常明显。

表达情感是博客写作最主要动机。博客写作者认为博客是“表达自己情感的一个很好的方式”的认同程度比较高，77%的博客用户同意此说法。同时，占81.3%的博客写作内容是感性生活，而在写作动机调查中，最少被选择的一项是“通过Blog成为某圈子的焦点人物”，再次印证了博客行为的平民性和非功利性。

被本次调查参加者使用最多的博客服务商是中国博客网。有71%的用户表示对目前享受的博客服务“比较满意”或“非常满意”，其中博客服务的满意度最高的是和讯博客。此外，值得博客服务提供商注意的是42.4%的博客用户表示愿意尝试博客服务，而仅有19.6%的用户愿意尝试移动博客。

据悉，搜狐IT除了发布首份全球中文博客调查报告以外，还在积极推动“全球中文博客大赛”。大赛以其奖项设置之重、形式之新颖、评委规格之高、合作媒体之广以及参赛人数之多而在业界引起了强烈反响。同时，大赛面向来自全球的博客，只要是使用中文写作，均可以参加，这更极大地提高了大赛吸引力，目前报名人数已经超过 2000 人。

酒吧，作为歌手明星生涯之前的淬炼和展示平台，是他们梦想生长然后成真或者破灭的地方。台湾上世纪80年代的西餐厅走出了齐豫、周华健，90年代的PUB走出了张惠妹、迪克牛仔，他们将民谣清流或乡野传奇带入华语歌坛并取得了空前的成功，我们的羽泉也是从酒吧起步，而辛欣的全部重大事件几乎都发生在酒吧，还有高雨，她的驻唱生涯几乎折射了最广大酒吧歌手的生活。我们也许留意过他们的存在，也许因为喜欢而迷恋，也许因为嘈杂而退避，也许他们的演唱是我们进入酒吧的理由。

羽凡在酒吧遇到海泉

有一次，学外贸管理的胡海泉一个人在酒吧唱歌，学企业管理的陈羽凡突然上来合唱，当时感觉非常好，于是就有了羽泉。其实在这之前两人都曾各自在酒吧、歌厅做走场歌手，也都在苦苦地搜寻着理想的拍档。从学校出来，在酒吧唱歌往往是不可避免的。这个过程用羽凡的话来说就像是找对象。原先，挑来挑去都没有合适的，突然，某一天，在酒吧邂逅。

对于那段酒吧里的驻唱生活，羽泉说最难忘的是每天可以开心地弹琴、唱歌，直到现在，他们一直希望能够保持那样的跟音乐做好朋友的状态。

其实羽泉受人追捧早已不是什么新闻了，在哈尔滨零下七八度的低温下，曾有四五千歌迷聚集在露天的广场上等待羽泉的签名；在青岛的一天半时间里，羽泉连着做了三次签售，每次都是人潮如涌。在塘沽，因为来的歌迷过多，马上就要出现骚乱，签售只好推迟。但是因为房子没有后门而无法离开，僵持之下派出所的同志决定临时凿个洞，大家钻出去就开始狂奔，后面几千歌迷追着跑。事后警察们无限感慨地说：“从来都是我们追逃犯，没见过这么多人追我们的。”在互联网上，各地网友自发建立关于羽泉的主页数十个。

羽泉已经发行的三张专辑《最美》、《冷酷到底》、《热爱》中的大多数歌都是他俩自己写的，笔者很关心羽泉是怎样克服创作瓶颈或者灵感枯竭的。“创作瓶颈，是每个音乐人都会遇到的，就像我们有时候会快乐，有时候不知道为什么不快乐一样。所以，看你自己能不能度过你的低潮期。创作并不是那种非要去写歌了，我才坐下来写。不会像你说的‘灵感枯竭’，我要是碰到写不出歌来的时候就不写了。”海泉说话时还带着诚意的微笑，“其实以后我们可以做很多年的歌手，成熟的音乐人。至于如何做到这一点，那就看现在每一天的工作啦，不是好高骛远地想就可以做到的”。人与人，人与音乐的每一次相遇都是因缘所赐，羽凡和海泉从因热爱音乐相遇到现在的多年合作，两人在不断地磨合中达到了默契。

辛欣：酒吧里的歌唱和爱情

辛欣是台湾 8866 唱片公司去年 9 月推出的新人，出道前她就在北京最知名的酒吧“男孩女孩”里驻唱。在她演出的时间，台下总是爆满，而满满的观众总是安静而专心地听她唱歌，辛欣用心投入换来的掌声也总是久久不散。

去年年初，北京街外是零下的温暖，所有人都躲在酒吧里取暖。在“男孩女孩”里，就挤满了一大群想借听歌放松自己的人，台下的观众知道今天的主唱是辛欣，所有人都多了一分兴奋与期待……

在酒吧里，辛欣最常演唱莫文蔚、张惠妹、许如芸、那英的歌，在诠释她们的歌时，辛欣也加入了自己声音的特色，每次都吸引众多的观众。而辛欣不事张扬的性格，在酒吧喧闹的氛围中，更像个异类。

2000 年对所有人来说，一切都仿佛是新鲜的，而新世纪的到来，却让辛欣在这一年失去了陪伴她 10 年的感情。

1988 年，大连歌手比赛中，男友出色的演唱让辛欣记住了。师范毕业之后，辛欣去了歌厅，做了歌手，当时男友也在同一个歌厅表演，相处的日子长了，慢慢地有了感情。

1999 年 11 月底，男友离开了家。辛欣在三里屯“男孩女孩”酒吧重新开始了歌手的生活，每天晚上 8 点到 12 点。一个月有五六千块钱。一方面可以继续供楼、供车，另一方面更要证明自己还能唱歌，证明自己还能在社会立足。

男友结婚的前三天，跑到了“男孩女孩”，一见到辛欣，男友的眼泪就忍不住流了下来。辛欣由衷地对男友说：“你好好过吧，咱们毕竟一起生活过 10 年，我希望你会越来越好。”

在“男孩女孩”唱了一年多后的某一晚，8866 唱片的老板、台湾资深音乐人许常德偶然间在“男孩女孩”听到辛欣的歌声，当晚便决定与其签约。

“无论是在酒吧那个小小的舞台上唱歌，还是通过唱片把我的声音带给更多的人，最原始的动机都是因为我爱唱歌，我愿意把我的歌声带给更多的人。”签约后的辛欣如是说。

高雨在酒吧不做梦

高雨1994年开始在酒吧唱歌，唱到1997年换了一家酒吧，又唱到1999年换到目前驻唱的1950酒吧。作为一位酒吧歌手，高雨可谓经验丰富。

她说，人群是有区别的，有时喜欢呼应，有时则很安静。面对前者，要让他们享受到玩的快乐；而面对后者，则要把自己很好的心情与他们分享："在酒吧听歌就是为了驱散工作的压力，即使是外表冷峻的男性观众，其实也有想撒娇的一面。"

"像她这样风格的歌手比较少，不单唱得好，而且能够搞气氛。爱开玩笑，又不低俗。"一位长期在1950听高雨唱歌的观众这样描述。而新闻集团也曾经为高雨专门拍摄了一套片子。

高雨说，或许是因为自己从小受到父母的娇惯吧，她对工作的要求就是不用看别人脸色，每天可以带着大家一起快乐，所以，高雨对签约唱片公司出专辑这些许多酒吧歌手的梦想有着自己的看法。

在台上非常"骄傲"的高雨台下也有非常脆弱的另一面，买东西时对方出言不逊，父母拌嘴，甚至看《蜡笔小新》，她都会有感而发哭得死去活来。

"也许我穿着有点暴露，但观众认可。我喜欢一切都是自然的。"在酒吧无忧无虑的高雨如是说。

野孩子的河

野孩子是一支新民谣乐队，他们改造了中国西北民间音乐，他们有丰富的和声和延绵的节奏，听起来像风过山野、水流心田，朴素而决不土气。

他们曾经只有3个人——来自兰州的两把木吉他、来自成都的一个手鼓。现在是5个人，两把木吉他、一把电贝司、一架手风琴、一个手鼓，静静地坐在酒吧里、舞台上，没有多余的语言和动作，表情也简单，微闭着眼睛，全体沉浸在音乐里。神奇的旋律、重复的节奏，像仪式一样干净、庄重，像聚会一样亲切、随和，每一次演出，观众都为之欢欣，甚至百听不厌。从1995年组建，到2000年确定为现在的阵容，野孩子不温不火，一直在乐评人的好评和唱片公司的冷眼中保持着平静的心态。

2001年3月，野孩子乐队成员和朋友合开了“河”酒吧，顺便也进一步鼓舞了三里屯酒吧街南街的闲散气质——这里播放着民间音乐，来往的是地下乐队、作家和老外，门口有人在下围棋，经常有包括野孩子在内的乐队演出，一到周末，舞台上的手鼓和吉他经常被客人拿来做即兴演奏，高潮迭起，欢声雷动。

“河”酒吧因此迅速成名，时常爆满——王凡演出时甚至达到了水泄不通的地步。如果说酒吧的本质是气氛，那么它的成功之处就是那亲切的气氛，人多时热烈，人们似曾相识、微笑并颔首，人少时散漫，无所事事地被灯光和音乐感染。所谓水不在深，有龙则灵，人们已经习惯了看见野孩子这样的乐队在这样的酒吧里制造奇迹，因为这样的音乐在目光可以相交的距离里，使我们彼此心领神会。

事实上，由于各种各样的原因，诸多歌坛大腕都有在酒吧唱歌的经历，国外如甲壳虫、滚石乐队，港台的罗大佑、张惠妹，至于内地歌手某业内人士给出90%的比例，孙楠、那英、陈明、羽泉、斯琴格日乐等一线歌手都包括在内。但是，因为在酒吧表演只能唱些“口水歌”或者翻唱流行歌以迎合顾客，而且生活拮据、工作有很大的不稳定性等，处境往往尴尬，所以，不少现已成名的歌手不愿提及这段“往事”，一些知情人士也善意地表示“人家已经唱出来了，不好再点名道姓了”。

但是，很多人也用亲身经历证明“酒吧经历”并非想像中的不堪。羽泉就粉碎了“酒吧经历不堪回首”之说。胡海泉回忆说：“回想起来我倒挺怀念那段时光的，尽管确实很辛苦。我在那里得到很大的锻炼，以前没想过自己能当歌手，一晚上唱几十首歌就越唱越好了；当时也都是翻唱，但白天我自己对那些歌进行改编，节奏变快变慢，女版改成男版等，这对我是乐趣，对听众也有新鲜感……更重要的是，它对我们的新专辑也有直接好处。”原来，1998年海泉、羽凡二人建立羽泉组合并跟滚石唱片签约后仍然在“五月花”酒吧继续了几个月表演，为新专辑的诞生做了很好的准备，“很多打算在专辑中用的单曲我们都拿出来演唱试验观众的反映，《最美》、《爱浪漫》那时大家都很喜欢。”最后海泉表示，羽泉这段酒吧经历是很多歌手都经历过的，并非特例；自己也亲眼目睹有的酒吧歌手极富才华只是缺少展现的机会只得继续这样唱下去。他认为，我们应当正确看待“酒吧歌手”这样一个群体，而对于“酒吧歌手”自己，最好把它看成一份工作而已，要明白经过这个阶段未必就一定能成名，“保持好的心态最重要”。

迪克牛仔：酒吧歌手的榜样

虽然已经年过40，可迪克牛仔就像一只在荒原上奔跑的狮子，他苍凉的声音中永远蕴涵着无穷的力量，他现场表演的肢体动作永远那么震撼人心。也许正因此，他每次在香港、台湾开演唱会，门票总是在很短的时间内被抢购一空。这个港台流行音乐中的"异类"，这头永远咆哮的狮子，他威猛无比的"铁汉"形象让所有男人为之疯狂，而他歌声中散发出来的真性情与关怀又同样令女人们感动不已。

之所以有这么强烈的现场感染力，可能与迪克牛仔常年的PUB歌手经历有关，现在他不仅是歌坛中大器晚成的个性歌手的标志，更是所有PUB歌手们的骄傲。

迪克牛仔出生在台湾高雄，上世纪70年代末，17岁的他开始迷上音乐。那时候，台湾最流行的是校园民谣，他经常演唱的是齐豫的《橄榄树》等，自己也会写一些校园民谣风格的作品。

在那个年代，弹吉他唱歌在台湾被认为是一件玩物丧志的事，当时台湾有一部电视剧叫《流浪的吉他》，里面的主角就经常背着吉他出去唱歌，但每次都要和别人打架，所以那些背着吉他的青年成了"落后青年"的代名词。作为家里的老幺，迪克牛仔——那时候他还叫林进璋——花大量的时间弹琴唱歌也遭到家里人的强烈反对，为了买一把吉他，他就去工厂打工，还做过轮渡的售票员、高雄市政府机关公务员等职业，因为每把吉他都来之不易，直到今天，迪克牛仔还保留着收藏吉他的习惯。

到了上个世纪80年代初，喜爱音乐的迪克牛仔又找到了一份“好工作”——滚石唱片公司的送货员。他每天骑着摩托送唱片，陈淑华、张信哲、张洪量等人的都送过，但那时候他从没有想到有一天他也会站到流行歌坛的一线位置。同时，他也在酒吧唱歌，开始了漫长的PUB歌手生涯。他回忆这段经历时说：“那是一段很辛苦的日子，白天送货，晚上要去演出，后来送货开车的时候都情不自禁地要睡觉，太危险了，就辞去了那份工作。”

到了80年代末，迪克牛仔和几个朋友一起组建了乐队，后来又与唱片公司签约，但星路一直没有太大起色。中间他去卖过阳春面，还一度想彻底改行做生意，现在他还经常开玩笑说：“还好那时候没有改行，要不现在就是个卖面的了。”

在漫长的PUB驻唱生涯中，迪克牛仔经历了数不清的坎坷，他说：“我相信每一个有过酒吧歌手经历的人都有许多酸甜苦辣，过些天在北京的‘PUB歌手群英会’上，我会和北京的歌手们一起分享这些，我也希望所有还在酒吧里演唱的歌手坚持自己的梦想。”

关于迪克牛仔在酒吧演唱的那些传奇故事中，流传最广的就是有一次遭遇歹徒开枪的经历了。关于这个故事版本众多，迪克牛仔讲述了当时真实的经过：当年台湾的酒吧不少都有黑社会背景，一些人为了拆对手酒吧的台，就常派人去捣乱，有打架的，还有拿着枪跑去乱开的。那次我演唱的酒吧规模很大，生意好的时候，大概每天都有两三千人去玩，光是在舞池里跳舞的人就有一千多。那天我在台上唱歌，突然就有歹徒开了一枪，因为现场音乐音量很大，枪响的时候大家以为是桌子倒下去的声音，没人理他，结果他又开了第二枪，“砰”的一声，这次大家都明白出了什么事了，所有的人在一秒钟之内全部卧倒在舞池里。迪克牛仔说：“那是我觉得非常好玩的一个画面。”

都说舞台上的迪克牛仔是一条铁铮铮的硬汉，想来也是在常年复杂的生活环境中磨练出来的，坎坷的经历、一次一次的失败，让他的性格和音乐逐渐坚强起来，熏陶出了这个流行歌坛上最原始、刚烈的声音。

今天，1959 年出生的迪克牛仔已过不惑之年，但他还是保持着旺盛的精力和演唱热情，一年中大概有 1/3 的时间在各地奔波。除了对音乐的热爱和追求外，对于家人的责任感也是很重要的一方面。在他的想法里，一个男人就要让老婆孩子过上幸福的生活，不但在物质上让他们没有后顾之忧，男人更是一个家庭精神上最强有力的靠山。

迪克牛仔和妻子相识并结婚还是在他生活得很迷茫和困苦的那个阶段，因为曾经一起走过了一段非常艰苦的日子，迪克牛仔对家庭、爱情、亲情都格外珍惜，他在各种场合都说过：“老婆是对我影响最大的人。”如今，他们有了 3 个小孩，最大的已经 20 多岁了，但迪克牛仔仍然像一个最合格的男人和父亲，他最得意的就是“现在家人终于可以有衣服买，有玩具买，不用再过苦日子了”。为了让家人过上好日子，迪克牛仔曾经对自己选择了音乐这一行十分迷茫和痛苦。在上个世纪 90 年代初，他音乐上的才华始终不被音乐界认可，只能靠每天在酒吧唱歌挑起全家人的生活重担。但是酒吧有限的演唱收入不足以彻底改变家庭生活的窘境，在巨大的生活和心理压力下，迪克牛仔在相当长的一段时间内陷入深深的痛苦，他常问自己：“我的选择错了吗？”也是在那个阶段，他卖过一段阳春面，还去餐馆端盘子，想改行做小买卖彻底告别音乐。

在 1993 年到 1994 年的一年多时间里，迪克牛仔的压抑和痛苦达到了顶点，心情不好就经常靠酒精来麻醉自己，不过在妻子、朋友的鼓励下，他很快就戒掉了酒瘾，重新恢复了一个男人的勇敢和自信。1997 年，他参与录制的合辑《Live Band 乐团 1》终于震撼了流行乐坛，连续五周荣登了香港 IFPI 销售榜前十名，迪克牛仔也终于从 PUB 歌手中脱颖而出，跻身一线歌手的行列。

谈到这些迪克牛仔感慨万分，说："坚持不一定成功，放弃就一定失败。如果你觉得自己在这方面确实有兴趣，也有特长，那你就应该坚持。因为如果你在自己最有把握、花了最多时间的东西上都做不好，转行你会更差。我曾经很迷茫，曾经有很多疑惑，但最后证明，自己是对的。"

也许是因为迪克牛仔对家庭的眷恋，一直以来他的女歌迷对他的痴迷就绝不亚于男同胞，据演唱会主办方介绍，前来购票的人中有不少是女性歌迷，年龄分布也很广，小到 20 岁左右的年轻人，大到 40 多岁事业有成的中年人，而且女歌迷一般都是要带着老公或者男友一起去看演唱会，她们说："除了我自己非常喜欢'老爹'外，也要让我老公跟人家学学！"

怀揣音乐梦的深圳酒吧歌手

一群带着音乐理想的人来到深圳这个充满梦想的城市，开始了昼伏夜行的歌手生活。深圳酒吧歌厅是"炼星厂"，曾炼出李春波、林依轮、陈汝佳、汪正正等一批红歌星。"炼星"的音乐环境早已不复存在，但音乐俘虏了年轻欲动的心灵，他们执着的脚步在夜生活的光影下诉说着寻梦的经历，正是这种经历使他们真正切入生活，对音乐有了更深的理解，于是有人捧回了歌手大赛冠军杯，有人推出了极具创意的专辑……

●陈楚生　20 岁获得"亚洲最具潜质新人奖"

一个人走在三亚湾柔软的沙滩上弹着吉他歌唱，为的就是寻找心中向往已久的演唱舞台。2000 年 4 月，陈楚生背着把吉他从海南三亚来到深圳闯荡，那年才 19 岁。

高中没念完便离开校园的陈楚生除却一副好嗓子，别无所长。全靠唱歌来解决个人生存问题，他必须尽快成为深圳无数酒吧歌手中的新成员。2000 年正是深圳酒吧娱乐业红红火火的时候，上百家酒吧夜总会都在运筹歌舞节目表演，来得早不如来得巧的陈楚生一脚深一脚浅地踏进酒吧歌手之门。之后的生活像一把流浪的吉他，黑夜与白天交织的琴弦弹出的是艰辛的滋味，陈楚生从找场子糊口到多跑几个增加收入，每晚一场接一场地唱下来，只要嗓子允许就多唱一些，既是为了生存，也是为了磨练。经过一段时间“亮嗓”，陈楚生的歌唱功力日见长进。忧郁的歌声，弹唱的风格，放浪的形象渐渐受到酒吧老板和客人的欢迎。

机遇终于来了，2001 年上海东方电视台等 18 家电视台联合举办“亚洲新人大奖赛”，陈楚生报名参加了这次比赛，经过各大赛区 1000 多名歌手鏖战，20 岁的陈楚生进入了选秀视野。决赛后，幸运之神对他绽开了笑颜，陈楚生获得了“亚洲最具潜质新人奖”。

2003 年 8 月 18 日，全国 PUB 歌手大赛在湖南长沙举行。陈楚生参加了深圳赛区的初赛，但未获得决赛资格，后来接到电话通知到长沙参加决赛，陈楚生带着“丈二和尚摸不着头脑”的心情参加了决赛。面对华纳、滚石、星文、正大、新索等 12 家华语唱片巨头的老总们演唱，参赛的歌手使出了浑身解数，他们很在意台下的 12 家唱片公司总裁，唱片巨头们亮出的分值决定他们的命运，他们渴望在这次大赛中被发现。

陈楚生一直不相信好运会落在他身上。主持人宣布结果，颁奖台上抱着吉他的陈楚生，神情茫然地从礼仪小姐手上接过冠军奖杯和30000元奖金。他走下舞台后，中唱上海公司和CNI唱片公司的人找他谈签约，最后CNI唱片公司跟他签了约。通过拿奖进入主流，进入唱片业几乎是凤毛麟角，陈楚生并不觉得这种幸运会改变自己的命运，他现在除了继续唱歌外，更多的是在原创能力、策划制作方面求发展。

●范媛媛　歌迷誉为深圳最棒的乡村民谣歌手

来自江苏港口城市的范媛媛，在深圳做酒吧一线歌手已有多年。但从她的外表和谈吐，你很难看出她是个歌手，因为她既没有新潮的装束，也没有染烫很酷的发型，言谈举止温文尔雅。如果她挎着包在街上走，你宁愿相信她是个教书的。

范媛媛天生一副圆润的亮嗓子，从小爱唱爱跳，常常在家中载歌载舞，把父母逗得前仰后合。在学校她被誉为“百灵鸟”，中学时代便获得江苏省青年歌手大赛一等奖。后来她穿上军装成为一名军人，因为文艺特长在海空艺术团当文艺兵。从戎3年脱下军装，1998年她南下深圳，成为一名酒吧驻唱歌手。

在夜生活的光影下歌唱，在日出东方时枕着孤独入眠，起初她很不习惯。对酒吧歌手，总会有一些异样的目光投向他们，范媛媛也感受到自己生存在戴着“有色眼镜”的目光中，这些曾令她打退堂鼓。在亲人和朋友的劝说下，范媛媛慢慢地坚持下来。入夜，“根据地”酒吧南山店，衣着素雅的她坐在高脚凳上，圆润的嗓音浅吟轻哼地唱着乡村民谣，一曲《什锦菜》过后，中国音乐学院梅弘夫老师评价说：“这个歌手很不错，乡村民谣唱得太好了！”

一些爱好音乐的人告诉笔者，范媛媛的舞台魅力就蕴藏在感情细腻、声情并茂的演唱中。难怪她得到了中唱广州分公司的认可，首张专辑《浅吟低唱》在亚洲区市场销售情况良好，不久将要出版经典英文歌曲专辑。

凭着自己对酒吧娱乐业的熟悉和经营方面的自信，范媛媛目前正准备作出选择，她也许要退出这个圈子，经营一份自己的事业。她有一种跃跃欲试的劲儿。

●翟阿瓦　深圳独一无二的爵士歌手

5 年前，萨克斯梦幻般的悠扬乐声引领着翟阿瓦踏进了爵士的天地，本色酒吧东门店的爵士乐主题餐厅便成了她不变的“舞台”。

翟阿瓦毕业于西安音乐学院作曲系，父母都是音乐人，故给她取了一个酷似艺名的名字。2001 年她刚来深圳时专唱英文歌曲，一年后，她与现在的钢琴手黄向明搭档，开始改唱爵士歌曲，5 年下来不曾改弦易辙。

翟阿瓦不像其他歌手生活黑白颠倒，白天她不但要经营自己的工作室，还担任深圳一个网站“爵士当铺”的版主。作为论坛的版主，她经常要与全国各地的网友展开讨论、交流。目前，参与论坛的会员已有一万多人，都是一些音乐人、爵士乐名家和爵士乐发烧友。而作曲系毕业的她也不时在创作，为了筹划一张爵士风格的专辑，翟阿瓦不断拿出积蓄进行创作、录制，家中的录音棚成了她的“梦工场”。当然，自己尝试做专辑也要和唱片公司的经营结合得好才有经济收益和推广价值。2004 年中国唱片公司深圳分公司出版发行了翟阿瓦的首张专辑，她用爵士音乐的概念重新演绎一代歌后邓丽君的十首金曲，极具个人的巧思和创意，推出之后市场反响超出了预期。翟阿瓦说，现在她正投入新的歌曲创作，由自己填词的第二张专辑现已进入录制阶段，不久将正式出版发行。

●冬群　无人喝彩的青春印笔为他演艺经营奠定基础

26岁的冬群是个摇滚歌手，1999年从西北来到深圳。和其他歌手一样，初来乍到他也是靠跑场吃饭。2001年他组建了一支名叫4+1摇滚乐队，自己做乐队主唱，其实是一支4女1男的乐队，平均年龄只有22岁。在青春萌动的岁月里，让他们忙乎得几近散架的音乐，占据了他们所有草长莺飞的日子，为了生存，他们昼伏夜行，四处“摇滚”。乐队每晚跑3个场，从这一场跑到另一场马不停蹄。在流光溢彩的舞台上，4位女乐手极富感性的音乐衬托出男声沙哑而伤感的歌声，一晚下来冬群要演唱20多首歌，乐队收入一般在300~400元。近年来，深圳歌舞厅日渐式微，酒吧表演今非昔比，面对“饿倒一片”的生存现实，2005年夏天乐队曲终人散，队友们各奔东西。冬群又成立了一个新舞台文化传播公司，主要经营文艺演出服务项目，帐下收罗了20多名歌手、乐手、舞蹈演员等。冬群带着自信说，“新舞台”演出水平和收入均比4+1乐队高，目前经营状况还不错。

酒吧歌手：生存与发展

“酒吧歌手”是一个模糊的概念，事实上更多的人把他们理解成酒吧文化的附属品而不是真正意义上的歌手。他们整夜演唱或流行或怀旧或客人点的歌，虽然就像啤酒、闲聊一样是“泡吧”的一部分，却永远只能当背景音乐，因而这个群体带有它的边缘性。但是，他们当中“隐藏”着不少音乐能人也是中外都有所证明的事实。

其实，酒吧歌手能否出人头地，主要在于酒吧群体原创力究竟多大 。2003年8月初，由湖南卫视、北京广播电视报、北京音乐广播联合主办的首届全国酒吧歌手电视大奖赛在北京

8家知名酒吧拉开11天的赛事。本届酒吧歌手电视大赛的参办方中还有正大国际、京文、大地、喜洋洋、麒麟童、摩登天空、星工场、摇滚圣殿等国内8家唱片公司。星工场总经理姜泓解释这样做的初衷是，一方面可以发现一些新人、好的作品；更重要的是，促成这样的活动普及原创音乐的模式，对行业形成刺激。本次大赛的参赛歌手全部被要求演唱原创作品，可见比赛不仅给平时做惯“背景音乐”的酒吧歌手搭建了一个表现自己个性的平台，他们的原创能量究竟有多大将被检验。

中央电视台举办的青年歌手电视大奖赛曾是不少流行歌手的成名福地。而最近内地歌坛新涌现出来的一些新人恰恰是唱片公司直接从酒吧“挖”出来的，比如刚刚在张学友演唱会上亮相的杨坤。今后将连续举办的酒吧歌手电视大奖赛能否成为新的造星平台？喜洋洋公司经理张卫宁表示，自己也曾多次试图到酒吧中发现新人和乐手，因为他认为一个有前途的歌手，除了要有好声线、好歌外，现场的表现和驾驭能力也非常重要，甚至占到六成的比例，从积极层面看，酒吧歌手在这方面得到先天的锻炼，是优势；但是，“随着社会的进步和传媒的发达，过去依靠电视大赛、春节晚会一夜走红的情况已经越来越少，立得住的歌手无不是经过长期努力才取得今天的地位，所以，如果通过比赛有歌手取得好名次或者被唱片公司相中的话还是不够的，今后的勤力造化更为关键”。

酒吧歌手等级：“唱清吧的”和“演唱嘉宾”

圈里一般将在酒吧唱歌的人分为两类,第一类是“唱清吧的”。这类歌者可以说是酒吧文化的附属品,他们一般在30～40

分钟内演唱或流行或怀旧的歌曲迎合客人，充当背景音乐，并兼顾暖场的任务，表演性并不是很强，圈内人称之为“唱清吧的”。

另一种则是表演性质很强的歌手，从服装到歌曲都具有极强的煽动性，一个晚上通常演唱2～3首歌，演唱中途可以和客人进行互动，比如干杯、喝酒、握手、拥抱、接受客人点歌以及献花等，这一类歌手被圈内人称为“演唱嘉宾”。

通俗地讲，“唱清吧的”和“演唱嘉宾”的关系，也就是娱乐圈中新人和大腕的关系，虽然同在一个酒吧工作，但收入和工作强度都有悬殊的差别。而想由“清吧歌手”晋级成“演唱嘉宾”，只能依靠“挨年头”和自身具备的综合实力，所以，资历和台缘是酒吧歌手能否站住脚的关键。

酒吧歌手收入：月薪万元借钱度日

眼下，酒吧的清吧歌手并不多，基本上是上世纪80年代出生的年轻人，每晚收入一般在80元到200元不等，而演唱嘉宾则是摸爬滚打了十几年的圈中老字辈，每晚收入通常在300元到2000元之间，最高的一场可达3000元。歌手的酬劳没有固定的结算时间，有的酒吧是1天一结单，有的则是10天，月结的并不多。

单看酒吧歌手的月收入，应该算是城市人口中工薪阶层的上游水平，但事实上，他们的生活条件并不好，不少人只能保证温饱。而之所以会这样，和酒吧歌手的消费观念有很大关系。圈内的不少歌手告诉笔者，他们的工作环境经常接触大款富商，常常有老板请吃饭，但对方请五顿，礼尚往来，你也得回请一顿。而请乐队、音乐总监、酒吧老板吃饭则是必需的，就因为这些，一月万元的收入还要借钱过日子。

酒吧歌手生存状况：竞争残酷生活动荡

目前酒吧歌手的市场粗具规模，但行业竞争却越来越残酷——随着夜场消费者构成的变化，口味的调整，原先以外形为卖点、以口水歌为支撑的歌手，生存的空间越来越小。有过外地夜场经历、现场表演经验丰富的歌手越来越受到重视。

不少歌手陷入了这样的轮回：年少时轻狂，大进大出，年纪大了，感觉没了，市场窄了，钱袋瘪了，心态也坏了，歌就没法再唱了，最终从圈子里消失，不知去向。能从圈子里冲杀出来，星光闪耀的毕竟少而又少，有些昙花一现者，结局更为悲惨。

酒吧歌手归宿：改行是最终选择

酒吧歌手的作息时间不同常人，他们多半是中午或下午起床，直接吃晚饭。21 点上班，工作到凌晨结束，有时大家一起吃宵夜，基本上得凌晨三四点钟才睡。

纵观酒吧歌手的人生轨迹，音乐对他们而言是个百味瓶。初出茅庐的，心怀梦想浅吟低唱；心有不甘的，脚踏实地苦苦拼争；大梦初醒的，干脆拿唱歌当做饭碗，过一天算一天。还有另外一部分最为现实的，在金钱与梦想之中找到平衡点，开起了自己的酒吧，换种方式和音乐相处。至于哪一种是最好的结局，也只有酒吧歌手自己的心里最清楚。

酒吧歌手，是背负音乐梦想而忘我耕耘的追梦人，他们是时尚舞台的领舞者，也是世俗生活的侵蚀对象。他们都做过明星梦，可是残酷的现实，令他们在跌跌撞撞中清醒，最终选择了脚踏实地去追逐心中的梦想。于是，在别人休息时，他们出发了，为休闲的人们带去欢乐和感动；在疲惫时，也要打起精神，让每一位顾客满意而归……酒吧歌手不但用自己的歌声唱出人间悲喜，也用行动走出一条属于自己的路。

泡吧生活——白天不懂夜的美

泡，有沉浸的意思。浸泡在酒吧里，沉醉在一种气氛中，它的精髓会像温柔的精油，慢慢渗透到人的身体里、血液中。泡吧是一种生活方式。在现代都市快节奏的生活中，酒吧是让人们减压的地方。泡吧的人，是一个城市的时尚群体，有大把的时间和足够的闲钱来追逐时尚潮流、寻找感觉。因为来去由心，可俗可雅，可动可静，都由着个人选择，或如冰水般清醒，或有酒影的迷茫，或尖叫的宣泄，或自由的飘飞……因为这样或那样的理由，越来越多的都市人喜欢上了酒吧，加入了泡吧一族。

泡吧——演绎 HIP-HOP 时尚

“我在吧里泡着，我在 Rock and Roll 麻醉着，我的青春啊，在啤酒的浮沫里流失着。”这是 5 年前酒吧里流行的一首游吟诗。那时候，酒吧还是都市生活里的点缀品，泡吧对很多人而言，是鼓足勇气对一种新鲜生活方式的追逐。

如今，酒吧已经是城市夜生活的平常去处，已不再有太多的神秘色彩。但很多人依然不能理解，泡在酒吧里的人，借着酒精的麻醉，在迷离的灯火和功率极高的摇滚音乐中，除了扭动身体宣泄青春和欲望，他们还有着怎样的心态？

刘先生是位设计师，他泡吧的动机颇为纯洁，并新鲜有趣。他去酒吧的目的是采风。他说只有在酒吧里，才能这么集中地看到广州的 HIP-HOP。HIP-HOP 是当今世界最流行的一种文化，HIP 是臀部，HOP 是跳跃，组合在一起的 HIP-HOP 是街头文化的意思。HIP-HOP 的起源是美国的黑人文化，随后成为一个泛概念，种种来自民间年轻人对美与时尚的创造性和想像力，都可纳入其中。

广州时下最有名的酒吧 F4，就是广州 HIP-HOP 文化的荟萃之地。这里聚集了广州一群最酷的型男索女。这间酒吧里的骨干捧场客都是 20 来岁的少年。他们显然没有太多的钱去消费那些现成的时尚，但他们来到酒吧追求的就是时髦，要在迷离的灯光中吸引他人的眼球。所以这帮半大孩子调动了他们青春的智慧来把自己装扮得很 IN。这些来自青春的装扮智慧，的确可洞见广州的 HIP-HOP。

他们虽然没钱进行从头到脚的装扮，但他们对流行元素的嗅觉相当灵敏。2005 年 8 月 4 日，在这里人们看到一片鸭舌帽，反戴或者歪戴，并在帽檐上别一枚亮晃晃的金属饰物。紧跟着在第二天的娱乐新闻里，就看到香港的大明星们个个戴着这样的帽子出席一场大 Show。

最搞笑的是一个小男孩，他反戴鸭舌帽，穿着一件香云纱的对襟唐装，如果他再斜挎一把盒子枪，就可以去抗日电影里出演汉奸队长。但从酒吧文化的高度上看，他此款形象已经成功了，否则不会有那么多小女孩围着他转。

另一个脸挂稚气的小女孩，虽穿着廉价的 T 恤牛仔裤，但给人感觉十分前卫。仔细观察，才见她的用心良苦：滨崎步式的发型，手臂上印着贝克汉姆式的油印文身，最特别的是她在牛仔裤的臀部位置挖出了一个大大的心形洞，并在若隐若现的肌肤上，涂了一层闪光亮粉，随着她轻摆娇躯的舞动，一时间出尽风头。

这些男孩女孩把本该用来解数学难题的智慧，发挥在塑造自己前卫的酒吧形象上，这的确很难用是与非的标准来作评判。青春需要标榜个性，这就是当今广州 HIP-HOP 文化的魅力所在。

上海：我在衡山路泡吧

●何小姐（市场调研员）：一个人才最好

我每月收入一千挂零，经过衡山路的酒吧时总感到“底气”不足，从不敢“有空来坐坐”。唯有一次，和男友在地铁常熟路站口大吵一番，憋着一口气冲到了桃江路。见到“香樟花园”里一对对甜甜蜜蜜的恋人，感到自己几乎要支持不住了，慌忙躲进对面的一家小酒吧。下午两点，店堂里空无一人，老板为我端出一杯西瓜汁后，也躲进黑暗的柜台后面。我关上手机，流着泪，喝完了饮料，心里舒畅了许多——原来，在衡山路泡吧，一个人才最好。

●陆小姐（律师）：马上出逃

傍晚，和朋友走得乏了，就想找个地方坐坐。“茶坊太吵，不如找家酒吧。”我们步入一家译名为“真爱”的酒吧。没料到其中别有洞天：不但有酒坊，还有迪高舞池，而我们身边净是一些奇装异服、表情古怪的小男生、小女生。我和朋友在乐声滔天、舞影憧憧之中捱过了半小时，发觉脚趾不再肿胀，便马上出逃。

●张先生（经理助理）：城里的月光把我照亮

第一次跟着老板“出客”是在衡山路上的一家爱尔兰酒吧。老板老道地把我们领到酒吧外的一片开阔的草坪边，点上三杯墨西哥啤酒。

初夏的夜晚，天上皓月当空，身后微风习习，耳边是若有若无的爵士乐声。我沐浴在城里的月光之中，感觉不是在充满了市侩气的上海，而是到了浪漫的天堂。

●胡先生（市场主管）：荒凉得让人心寒

北京的三里屯我去过，不喜欢——那里太美国了，充满了摇滚的强硬气息，独缺我所钟爱的衡山路的那种温馨情调。不用上班的时候，特别喜欢在衡山路的 PUB 中游荡，有几家不但供应软、硬饮料，而且到了用餐时间还供应可口便餐，在其中耗上一整天真是一种享受。但绝大多数的 PUB 是属于深夜、凌晨的，其他时段“荒凉”得让人心寒。像我这么个朝九晚五的上班族，有空了只能在“真锅”坐坐。

●周风：搞得像真的一样

我兄弟在西班牙住了十多年，那里有很多吧，散落在街头巷尾，随处都有。人们经过那里，就顺便进去要一杯咖啡或啤酒，喝完就走。或者有球赛，一个人在家守着电视机没劲，就去酒吧，那里人多热闹。也有一帮子朋友聚会的，每人一瓶啤酒，由一人先结账，喝完，再每人一瓶，轮到下一人结账。等最后一人结完账，聚会也就该散了。

那里的吧多在居民区，顾客也多为附近的居民，彼此相熟。消费相对于收入是很低廉的，一杯咖啡大概折合一美元，占普通人收入的千分之一左右。

他每次回上海，也去酒吧。但觉得上海的酒吧过于刻意，要么在星级宾馆附近，要么成市成行：在领馆区搞成个酒吧一条街，属于上档次的消费。进去的人感觉自己也是上档次的，好像挺有派头，又很有文化。普通收入的人其实是无法随意去那里消费的。能够消费的人去那里，真正的心态也不尽然出于悠然随意，总有一些莫名其妙的优越感。

江城：酒吧消费日渐大众化

大众化的新消遣。“谈朋友，总得有点活动吧，所以就上酒吧了”。在武昌某酒吧，一对恋人这样说：“逛街太老土、看电影太单调、上娱乐城太贵也不合适，到酒吧放松一下最合适！”“酒吧的消费很贵吧，承受得了吗？”没想到身为工薪族的这对恋人连称：“不贵，现在酒吧一般都不要门票，花20元买瓶啤酒就可以泡一晚上，比看电影还要便宜……”近日笔者走访数家酒吧后发现，江城的酒吧已不再是白领或老板阶层的专利，普通市民也开始频繁地涉足酒吧——

几瓶啤酒、几碟小吃，三五好友围坐，小酌交谈，或随着音乐轻轻晃动；而到染着黄头发，穿着露脐装的领舞者登台时，不管是活泼的青年人还是稳重的中年人，都会情不自禁地随着舞动……每当华灯初上，这一幕幕便会构成江城的新夜景。喜欢扎堆自成个性的江城酒吧有多少，恐怕没人说得清。上规模的酒吧少说也有近30家，至于街头上随处可见的小型酒吧更是多不胜数。

名气和规模较大的酒吧，面积多在1000平方米左右，以前多半集中在汉口。像江滩上的“回归二”、青年路的“回归三”都是江城酒吧族常去的地方，其他如老街、F4等也是声名鹊起，吸引了众多泡吧族前往。

2006年以来，武昌街道口附近也出现了一批酒吧新锐，这批新锐酒吧以珞狮北路的星空酒吧为代表，引入国内发达地区流行的酒吧文化概念，已开始改写武昌人远赴汉口泡吧的历史，并开始与汉口分庭抗礼。

与北京、上海等地以“清吧”居多所不同的是，江城对“迪吧”推崇备至。也正因如此，在武汉，酒吧已不再是谈情说爱的地方，更多的是朋友聚会之所，以及紧张工作后的释放场所。

据业内人士介绍，虽然酒吧消费仍以青年人为主，但已开始被越来越多的中年人所接受。也许是觉得前几年流行一时的“迪吧”太过疯狂，时下江城的酒吧都少了几许歇斯底里，适合消费者的年龄层次更加宽泛——从20岁的青年人到40岁的中年人，人不求多，注重层次。据业内人士透露，虽然酒吧也受摇头丸、K粉等问题的困扰，但随着市民消费心理日渐成熟，市场逐步分层，越来越多需要休闲又不愿涉足夜总会、娱乐城的市民，已开始逐步接受酒吧这种花费不多，却可以玩个尽兴的新去处；由于少了陪侍者的身影，许多自认“有身份”的市民也开始逐步认可这种虽然新潮但相对单纯的新型娱乐方式。在经历了咖啡厅的缠绵以及迪吧的疯狂后，新一代的江城酒吧正成为众多市民认可的“放心（放松心情）屋”。

快乐“吧生活”

泡，有沉浸的意思。浸泡在酒吧里，沉醉在一种气氛中，它的精髓会像温泉里的矿物质一样，慢慢渗透到人的身体里、血液中。偶尔到酒吧里坐坐的人，算不得泡吧一族。沉迷于酒吧生活的人每星期至少有两个晚上在酒吧里度过，对酒吧地图了如指掌，哪里有新开的酒吧就会去找找感觉，泡吧的方式也绝非蜻蜓点水，而是在酷爱的酒吧里一坐屁股就不动窝，抑或像楚留香一样，一晚上跑几个地方，在不同的风格中成全自己的感观和精神享受。

泡酒吧的人，大多是一个城市的时尚精英。他们年龄在20岁至40岁之间，有一定的经济实力，但是又不为工作和家庭的压力所累，有大把的时间和足够的闲钱来追逐时尚潮流。由于晚上都泡吧了，所以很少看电视，不会变成电视的俘虏。

泡在酒吧里虽然是不动的，但酒吧里的话题、音乐、客人是流动的，城市生活内容的变化是它的主题，像时尚温泉一样滋养着吧迷们。

现代人对于时尚生活方式的理解是，既有一份能够安身立命的工作，又能练就一个到多个足够达到专业级水平的业余爱好。工作只是为了赚钱，但爱好是超越金钱目的的纯自我表达和完善人生的事情，能不为了钱而做好一件事，是商业社会里人的一种精神价值的体现。而泡吧的人则具有这方面的潜质。

比如一些为了听音乐而去泡吧的人，只会放流行歌曲的酒吧他们是不去的，他们去的酒吧，要么是有乐队演出，而且是有一定水准的地下乐队，经常能带来一些原创音乐；要么是冲着DJ去酒吧，DJ是对音乐的一种再创作，在他们的引领下可以使人对很多乐曲重新理解。

还有不少酒吧里播放的是老板从国外带回来的最前沿或非常风格化的乐曲，乐迷们也很愿意去这种地方，时时来一个另类音乐的洗礼。

还有一种人在酒吧里变成了品酒大师，这里指的是品酒而非酗酒，他们知道北京最好的红酒出自哪里，或哪里才能找到最醇香的啤酒，他们了解每一种鸡尾酒的调制方法，有的人甚至能体味出酒与雪茄、酒与音乐、酒与女人或男人的最佳搭配组合。

在一些主题式酒吧里，有些人在完善着自己作为球迷、影迷、牌迷的人生，还有一些人在泡吧中成了室内装饰的专家，一些人成了自由撰稿人，一些人成了语言学家……

哪怕只是无谓的泡在酒吧里的人，也在做着一些梦。酒吧里灯光总是较暗，世界显得不真切。酒吧生活就是城市的梦境，梦虽然是虚幻的，但它给予城市人真切的生活动力。

泡吧是一种生活方式。在现代都市快节奏的生活中，总要有一个地方让人们减压。灯光摇曳的酒吧自然是一个不错的选择。或安静、或嘈杂、或温柔、或狂野，觥筹交错、推杯换盏之际有什么是不能释放与发泄的呢？

给心灵一个周末

在银联工作的金小姐是一个有着5年“吧龄”的人，但泡吧一般只限于周末与假期。“我喜欢酒吧的气氛，轻松、安逸，周末到酒吧坐坐能让绷紧的神经稍做休息，给心灵一个周末。”金小姐大学毕业后就到了一个陌生的城市工作，没有朋友、没有亲人的日子一度十分难熬。一个偶然的机会，她走进了酒吧。“第一次去酒吧我是一个人去的，而且因为朋友有事，我一个人在酒吧里等了两个多小时。很奇怪那两个多小时里没有等人的焦躁不安，相反酒吧中那温柔昏黄的灯光和钢琴师指尖流出的爵士乐安抚了我的心。一种毕业后从未有过的轻松。”从那以后金小姐就喜欢上了酒吧，周末，自己一个人或约上两三个好友在舒缓抒情的音乐声中，和朋友悠闲地望望街景，讲讲知心话，点一份简单的晚餐，喝几杯啤酒，闲适而小资。

享受孤独

如果金小姐是因为要赶走寂寞，寻找轻松走进酒吧，那么郭先生却是因为要享受孤独才对酒吧情有独钟。

“有人说泡酒吧都是群体性孤单，一大群人貌似热闹，但人与人之间缺乏交流，这种狂欢不过是一群人的孤单。我很认同这种说法。”郭先生始终坚持酒吧是个寂寞的地方。郭先生在一家媒体做夜班编辑，每天凌晨结束工作。下班后，他并不直接回家而是先到酒吧。他总是去一个固定的酒吧、一个固定的位置甚至每天夜宵的内容与啤酒的牌子都是固定的。“对于习惯晚归的人来说，总是过了今夜，不知道明晚的去向。我需要一种稳定的感觉，即使这样做有点傻。虽然我是不变的，但酒吧里的话题、音乐、客人是流动的，城市生活内容的变化是它的主题。我喜欢用一种旁观者的目光去体味变化、享受孤独。”郭先生的话语中有一种白天不懂夜的黑的感觉。

社交场所

做软件的程先生泡吧是为了交流。程先生告诉笔者他喜欢泡吧是受影视剧的影响：“喜欢酒吧是因为一部香港电视剧《妙手仁心》，剧中一群各有建树的医生，在紧张工作之余总喜欢在酒吧小聚。很向往那种真挚的交流和轻松的交往。”对于每天和程序打交道的程先生来说酒吧不再只是休闲场所，更是重要的社交场所。“酒吧是最平等的地方。酒吧里没有阶层，只有酒友。陌生人也好，熟识老友也好，聊聊天、吹吹牛，一天的压力会消于无形。”交流工作也成为程先生泡吧的副产品："虽说娱乐不谈工作，同行聚会还是能碰撞出不少智慧的火花的。"

想释放自己

37岁的赛臣是香港人，他和结婚多年的妻子一起在广州做生意已经将近10年，他和家人还有生意场上的客户经常去泡吧。他向笔者讲述了一次泡吧的经历：一天晚上在淘金路的一间迪吧喝着红酒，他不经意间回头发现身后有一名大眼睛的女孩子也向他们看过来，目光交错之际，他感觉到女孩似乎对他也有好感。"要想了解对方对自己有没有感觉，只要和她们多对看几眼就可以知道的了。"赛臣笑着对笔者说。

经过多次目光的默默交流，赛臣已经肯定女孩的心理和他一样，都想结识对方。于是他借一次和女孩眼睛对视、擦肩而过的时候，和她打了一个招呼，那位女孩子也对他笑了笑。"结果怎么样呢？"笔者问。

"结果就是在女孩子和她的朋友们离开迪吧的时候，托她的女友偷偷塞给我一张纸条，里面是她的电话号码。"赛臣诡秘地笑着说。

据赛臣说，其实他们这个年龄层的人，大都已经结婚多年，喜欢泡吧的主要目的，就是想释放自己的心灵，在酒吧中和知心朋友边看靓女边谈论一些隐私性的话题，如果能在这里奇遇一段新鲜快乐的感觉，那无疑会对自己平淡的生活增添一点乐趣。

曾几何时，泡酒吧是以概念的形式模糊地出现在我们的生活里，它是一种时髦，常与消沉、另类和非主流并列。可如今它已成为一种流行在成人中游戏的方式，甚至是许多人的生活内容之一。现在的酒吧什么样，泡吧的人在泡什么？它何以形成自己独有的文化？酒吧的步伐始终跟随着时代，在酒吧中，不仅仅是喝酒，更重要的是在泡吧中体味文化。你可以不爱吧，但不可以不去泡吧。

我们去酒吧干什么

上身是一件短得不能再短的短袖T恤，脚上却“焐”着一双看着就让人冒汗的高帮运动鞋，长长的头发被仔细地梳在脑后扎成一个小辫，但，那是个男人。

在乌鲁木齐路上的乔治五世酒吧见到一身奇怪打扮的姚先生时，感觉却非常正常，因为姚先生的打扮在乔治五世酒吧前卫的气氛中显得十分协调。当时，在西门子公司工作的姚先生正坐在酒吧的一个角落，以身体的抖动应和着舞台上的摇滚音乐的节拍。从姚先生那一副轻松自在的神态可以看出，他是这里的常客了。

姚先生说他是一个追求时尚的人，而泡酒吧是他所认为的所有时髦生活方式中最“酷”的一桩快事。“邻座化着淡妆的漂亮女孩悠闲地品着香烟。前面的老外正和一个学生样的男青年用英语交谈着，时不时还发出爽朗的笑声。台上，来自美国芝加哥的乐队正在演绎原汁原味的欧美乡村音乐，台下的老外纷纷击掌合唱。不时还有金发碧眼的洋服务生端着各式饮料从眼前走过。你看看，眼前的这一切和美国影片中的乡村酒吧有什么区别？”姚先生毫不隐讳他的得意和陶醉。

“你问我这种消费高吗？用我妈妈的话来讲，这儿喝一杯咖啡的钱，在普通商店里可以买上一整瓶咖啡了。但是，一样是喝咖啡，在这儿坐着，你会觉得你是和时尚的脉搏在一起跳动，你会尽情地享受生活，然后有足够的激情再去努力创造生活。”

年轻的“夜游神”说：我们不是异类

丁观涛，刚从大学毕业走上社会的“新鲜人”，但他泡酒吧、蹦迪斯科的历史却已经有四五年了。

从周一到周五，小丁都是个最普通不过的大学生，每天往返于课堂、食堂、图书馆，偶尔也会偷懒逃逃课。在学校里他并不算风头人物，常常是一个人独来独往，甚至也没有什么特别要好的朋友。惟一与众不同之处，每到周五傍晚，他的手机、BP 机就忙个不停，忙完之后，丁观涛照例整个周末都会从校园消失。从周五晚上开始到星期一的凌晨六七点钟，那是丁观涛的另一个只属于夜晚的世界。晚上八九点钟，小丁会如约和朋友们一边吃饭，一边商量晚上的活动安排。由于多年的消费经验，小丁和他的朋友们对于上海的各种酒吧、迪斯科舞厅等娱乐场所非常熟悉，只需打几个电话，就能知道这个周末上海滩有哪几家酒吧、迪斯科舞厅将举办特别活动，比如小型的摇滚演唱会、国内顶级 DJ 的现场表演、Party 等。若不是有特别的活动，普通的酒吧、迪斯科舞厅已不能吸引小丁这样久经江湖的玩家。10 点左右，小丁和他的朋友们开始了他们的夜游。整个夜晚，他们一般要赶两三个场子，直到清晨五、六点钟方才尽兴回家。

“我们从来不去什么卡拉 OK、什么 KTV，我们只去酒吧和迪斯科舞厅，偶尔也去保龄球馆练练身体。”丁观涛说，卡拉 OK 是小孩子玩的东西，他和他的朋友都不感兴趣。“但酒吧就不同了。酒吧是种成年人的文化和社交场所。如今的年轻人好像只有在酒吧、茶馆里才能轻松地交流，这就像他们的上一代只有在酒桌上才能谈成生意一样。”说了半天，丁观涛的结论就是：迷恋夜生活的年轻人并不如他们的父辈所认为的那样，是群生活作息不正常的异类分子，对于如今的都市知识青年来说，夜生活只是他们的一种生活方式。

据小丁说，在他的那个圈子里，他并不是最年轻的一个，但是他的朋友大多数年纪都比他大，都已经工作了，而且干得都还不错。周末的疯狂并没有影响他们白天的正常工作，相反，这些精明的年轻人成功地把夜游变成生意的一部分。“毕竟，现在泡酒吧、咖啡店的都是些有相当消费层次的人，在那里交到一个朋友，说不定什么时候就会变成你的一条财路。”

酒吧行情调查：中国六大城市夜生活特色排行

北京，作为中国政治文化中心，这个城市永不缺侃爷，不缺民间思想家，不缺草根艺术大师，不缺文化，不缺夜生活。将这些聚积起来的就是酒吧。作为夜生活的主要根据地，北京人泡吧的意义，休闲尚在其次，社交才是目的。数量庞大的夜行动物们常年在三里屯或后海的酒吧里游荡，一个酒吧就是一个圈子。走进一个酒吧，里面的人就会告诉你，这里聚集的都是70年代的人；那个酒吧周末有崔健和一帮朋友演奏爵士乐；另一个酒吧搞文学的王朔也常去；还有一个酒吧是搞电影的人的聚集处。“汽车酒吧”、“足球酒吧”、“艺术家酒吧”……酒吧几乎成了北京夜生活的名片。文化渗透在方寸间，北京的夜生活充满独特的韵味。

上海最小资，关键词：情调/派对。国际性大都会的口号刺激着上海人的肾上腺，这个城市的夜晚优雅而令人沉醉。“十里洋场”旧梦依稀，上海的夜生活洋溢着浓郁的小资气息。每当夜幕降临，时尚的Party Animal们便倾巢出动，从四面八方聚集到一起折腾。面具Party、比基尼Party、随性Party，他们像赶场一样一个一个玩下去。最旺的夜场是“新天地”，那里的酒总是洋味；而南京路上的人群，恐怕只有一场暴雨或非典才能驱赶。Party就像上海的影子，不仅是娱已乐人、放松心情的所在，更是小资或“疑似小资”们品味情调、社交谈判、认识新朋友的窗口。很多年轻白领不仅在此消遣、约会，也在这里谈理想、谈人生，甚至有人在谈判桌上难以解开的难题在一场Party中化为无形。

长沙最娱乐，关键词：火爆/歌厅。长沙号称内地第一娱乐城，不是因为它生产“超女”，生产“湖南卫视”，很大程度上源于长沙人与生俱来的娱乐精神。缺乏高昂的创业激情，却充满时尚的消费理念和快乐的生活追求，与收入相比，长沙人的夜生活堪称奢靡。长沙的歌厅数量之多、设施之佳堪称全国之冠。歌厅大多具有一定的规模，座位少则几百多则近千，且上座率都在90%以上。长沙人K歌是名副其实的全城总动员，一如“辣妹子”的性格：热辣、火爆。凌晨一两点是黄金时间，大小 K 歌场所爆满，白天不塞车的马路晚上堵得水泄不通。高潮时分，五六百人投入地跟着歌手一起唱，气氛决不亚于看“超女”演唱会。有人说这是畸形消费，长沙人说无所谓只要耍得开心。

成都最休闲，关键词：吃喝/享受。号称是“一座来了就不想离开的城市”。成都人的生活悠闲得令人眼红。对成都人来说，一切都是虚的只有生活是最实在的，他们的夜生活就两个字：吃、喝！成都人是真正的生活家，搓麻将泡茶馆吃火锅，悠闲得好像晚上不用睡觉白天不用上班一样。天色一暗，街头的串串香就卖得火热；稍晚一些，一溜儿大排档沿街摆开一眼望不到边。啃兔头、剥龙虾、嚼烧烤、光着膀子划拳摆龙门阵，食客们自得其乐，不分阶层打成一片。我骑单车喝啤酒你开宝马吃串串；款爷坐在街边吃碗担担面不觉得丢人；街坊婆婆跑到五星级酒店乘凉也不觉得心虚。成都人说：日子是水自己是鱼，游着走就是了。

武汉最草根，关键词：热辣/市井。作为中国最市民化的城市，武汉的夜生活是真正草根的狂欢。武汉人夜生活的主要阵地是大排挡和歌厅，受长沙和成都的影响却自成特色。吃大排档最好是在街头，池莉小说《生活秀》里的吉庆街是绝佳的去处，市井的狂欢在这里演绎得淋漓尽致。食客们随便点上几个小菜，随口叫街头艺人来个吹拉弹唱，比喝几瓶冰啤酒还过瘾！吃完大排档就去歌厅看表演。热情妖艳的桑巴舞、激情动感的劲舞、端庄典雅的民族舞轮番上场。汉味的小品是表演的高潮。小品须加点“颜色”才够味，武汉人就好这口俗气。看到激动处你可以边喊着“嗨嗨”，边用一块最坚硬的东西狂砸桌子。不用担心砸坏，歌厅早就在桌子上包着厚厚的铁皮。其实大家都是凡夫俗子，谁又比谁雅几分！武汉人说：白天就已经够累了，休闲的时候还想着怎样去高雅就更累。

广州最物质，关键词：欲望/消费。为物质奔忙虽是广州人的使命，但他们更喜欢在璀璨的夜里游走，疯狂地消费享受。对广州人而言，真正美妙的一天从入夜开始。打拼一天后，广州人的欲望在夜里暴露无遗。他们野心勃勃地硬把“夜宵”说成“消夜”，在夜里将激情的挥霍和赚钱的快感发挥得淋漓尽致。广州人夜生活的主要内容是Shopping、泡吧和蹦迪。每当夜色来临，商场、酒吧、迪厅、洗脚房全是消费的人群。酒吧是广州人夜生活的路灯，广州人泡吧有自己的目的。北京人泡文化，上海人泡情调，广州人最直接泡的就是消费。烟、酒甚至一夜情都可以摆上台面。这是一座欲望的城市，它的白天安静，夜晚却骚动而充满诱惑——权力、金钱，还有荷尔蒙。

中国酒吧的三大范式

和所有的舶来品一样，酒吧进入中国之后，在北京、上海、广州的“洋为中用”下，逐渐形成了中国酒吧的三大范式。

北京的酒吧，有点像是老北京茶馆精神的再现。北京人去酒吧的目的，重在说话——说天下大事，侃芸芸众生。酒则是激发谈兴的触媒。在北京的酒吧，门前都站着一两个酒保，他们卖力地招徕客人：“来我们这喝酒吧，价格便宜量又足。”

“有音乐，有酒，还有很多的人”。一般人对酒吧的认识似乎只止于此，作为西方酒文化标准模式，酒吧越来越受到人们的重视。北京的酒吧品种多多，它成为青年人的天下，亚文化的发生地。酒吧的兴起和红火与整个中国的经济、社会、文化之变化都有着密不可分的关系，酒吧的步伐始终跟随着时代。

北京是全国城市中酒吧最多的一个地方，总共有400家左右。经常去泡吧的人主要是：在华的外籍人士、留学生、本国的生意人、白领阶层、艺术家、大学生、娱乐圈人士及有经济能力的社会闲散人士等。北京的酒吧一般装饰讲究，服务周到，而酒吧的经营方式更是形形色色，各有特色。音乐风格、装饰风格的区别也决定了消费对象的情趣选择。北京的酒吧是国内最多种多样的：利用废弃大巴士的“汽车酒吧”；与足球相关的“足球酒吧”；能在里面看电影的“电影酒吧”；充满艺术情调的“艺术家酒吧”；还有挂满汽车牌照的“博物馆酒吧”。北京的酒吧有大有小，生意也有好有坏，大的像“向日葵”（已停业）有六七百平方米，小的如“年华”只有二十来平方米。

上海的酒吧，气氛越来越像当年的百乐门舞厅，是个纸醉金迷的温柔乡。在里面泡着，半个时辰不到，骨头就会酥软。各种颜色的酒在迷离的暖灯照射下散发着奇异的光芒，绅士打扮的小酒保穿行在打蜡的高档木家具中，带来一种时空错落更迭的感受。

上海酒吧，特别是衡山路酒吧因为成功地演绎了“东方香榭丽舍”之梦，在短短的两三年里已经成为了消费主义全方位进驻日常生活的一个绝妙注脚。事实上，上海酒吧不仅成为了自由资本与国家权力结合的典范，而且也成为了各种力量的汇聚之处，一方面是对经济利益的执着追求，另一方面又是对文化意义的苦心构建，而“东方香榭丽舍”的称呼既表达了对于异国情调的缅怀与迷恋，又体现了融入“全球化”进程的强烈愿望。不过，这里所要探讨的不是上海酒吧的高度消费主义这一简单的事实，而是这个事实的文化意义。

上海是一座精致的城市，上海人不管是男人还是女人都追求精致，于是，上海的酒吧也自然而然精致了起来。是上海人都会津津乐道并且很在行地告诉你：去浦劲跳舞、去东魅看星星、去park97乘凉、去1931's怀旧、去衡山路散步……

上海的酒吧已出现基本稳定的三种格局，三类酒吧各有自己的鲜明特色，各有自己的特殊情调，由此也各有自己的基本常客。

第一类酒吧就是校园酒吧，集中在上海东北角，以复旦、同济大学为依托，江湾五角场为中心，如“Hard Rock”、“单身贵族”、“黑匣子”、“亲密伴侣”“Sweet heart”等。从吧名就能嗅出其中的气味。这批酒吧最大的特色就是前卫，前卫的布置、前卫的音乐、前卫的话题。变异夸张的墙面画，别出心裁的题笔，大多出于顾客随心所欲的涂写。不放流行音乐，没有轻柔的音乐，从头到尾播的都是摇滚音乐，每逢周末有表演，常有外国留学生夹杂其中，裸着上身忘情敲打。

第二类是音乐酒吧，这类酒吧主要讲究气氛情调和音乐效果，都配有专业级音响设备和最新潮的音乐CD，时常还有乐队表演。柔和的灯光、柔软的墙饰，加上柔美的音乐，吸引着不少注重品位的音乐爱好者。日常经营往往都有音乐专业人士在背后指点，有的经营者就是音乐界人士和电视台、电台音乐节目的主持人。

第三类是商业酒吧，这类酒吧无论大小，追求的是西方酒吧的温馨、随意和尽情的气氛，主要集中在大宾馆和商业街市。

北京人点评上海酒吧：这里最大的感受就是一个“联合国”，无论哪个酒吧，外国人的比例决不亚于本地人，走进去，说不出他们是老外还是我们是老外，哈哈。

广州酒吧的最大特点是时髦。如果哪间酒吧在3个月里没有搞搞新意思，到第四个月的第一天，肯定是门前冷落鞍马稀。泡吧的人更要时髦，否则在吧里就会体验什么是过气。不过泡吧客对时髦的审查是宽容的：时髦的整体造型最佳，某一个元素的时髦也可。常有些十八九岁的男孩、女孩去打4元一小时的临工，目的就是换最新款手机，然后拍在酒吧的小桌上，得意地喝一声：我很IN！

相比之下，广州的酒吧很难定义，这或许也颇符和广州的特性，即一崇尚模糊的城市。酒吧常常会附设茶座、咖啡厅、西餐厅、卡拉OK厅、电脑网络厅、disco舞厅等，喧宾夺主是常有的事。就像个徘徊灯影下的风尘女子，身上的装饰一般得廉价，也一般得来去匆匆，一般得丁丁当当，就看那时节流行的是些什么了。

广州的酒吧就是酒吧，它与文化之间不存在什么纠缠不清的关系。广州的酒吧提供给你的，就是某种躁动不安的心底欲望，某种暧昧不清的人生印象，某种对于既定生活的颠覆冲动，使你游走在静谧与热闹、粗犷与细腻、杂乱与雅致、摇滚与古典、跃动与慵懒、清醒与梦幻之间。被酒精与夜色浸泡着的都市里的人们，把广州的夜晚变成了自己心目中的风景，把酒吧的奢靡看成逃离白日俗世的异度空间。在这里，不是谈生意，就是猜拳喝酒，老外不算最多，大多是游客，酒吧的装潢相对来说也没有北京和上海的那种情调，弹唱歌手更是少见。

上海人点评广州酒吧：没有我们上海的精致啊，不过沿江路的酒吧还是有它独特的味道的，毕竟我们的黄浦江两岸还没有那么大规模的酒吧呢！

大学校园外的酒吧文化

在北京大学东、南、西三面墙外，各种“吧”不下20家，除了人们已熟识的网吧、酒吧、咖啡吧以外，还有书吧、迪吧、陶吧、茶吧、餐吧……名字更是千奇百怪：霸必龙、心情小站、Every Day（每天）、Solution（解决）、Moon House（月亮屋）……这里几乎成了“吧”的海洋。走进每一家小店，都会看到为数不少的大学生，他们或三三两两，或成群结队，“泡吧”已经成为大学生中的时尚。

泡吧只为新奇刺激吗？

现在正在读大三的同同是个非常开朗的女孩儿，她直言不讳地告诉笔者，各种“吧”装点得都很有特色，这里可以聊天、打牌、看书，就算困了，趴下就睡。不过，她也提到有些“吧”里鱼龙混杂，也看到过一些打扮另类的人，心里不免有些害怕，所以去哪个“吧”还需精心挑选。

已经读研二的小赵告诉笔者，他现在已经不常来这里了。他第一次泡吧是在大二，那时觉得很新鲜，到大四毕业前几乎两三天就来一次，这附近的酒吧差不多都去过，这里的气氛和校园里截然不同，这种反差吸引了一大批学生。至于现在，可能更知道自己需要什么，工作的压力也慢慢显现，就不再有那么强烈的泡吧冲动了。

今年大二的杰克，在北大西门外的一家酒吧打工已经4个月了，每天晚上6点工作到凌晨2点，由于上午没课，可以在宿舍补觉，下午再去上课和看书。他说附近的酒吧都在突出自己的特色，招揽一批特殊偏好的人，有的安静，有的嘈杂，有的浪漫，有的亲切，人们可以选择自己喜欢的去坐坐。比如旁边的一家茶吧，每天都有很多人在里面下围棋，都有点儿像棋院了。不过，他已经决定开始专心读书，不再继续打工了。

文化氛围吸引了各“吧”的老板

北大东门外的“雕刻时光”是一间咖啡吧，里面也有各种书籍，周末还放映一些艺术类电影。1997 年开业，应该算是这一带的“元老”了。笔者向女老板李小姐问起开店的原因，她说当时只是夫妇二人经常来这边游泳、买书，感觉这里的文化气氛特别好，只是缺少一个歇脚聊天的地方，问了问地价也不贵，就开了起来。开始并没想有多大的收益，只是两个人都很高兴。来光顾他们店的主要是北大的老师和附近学校的留学生，后来是电影学院的许多老师，大学生所占比例大概在 20% 左右，这也是店内风格所决定的。

与“雕刻时光”做邻居的是“呼吸旋律”，老板申先生也是看中了这里的文化氛围。他们今年 9 月刚刚开业，室内建了一个欧式的壁炉，二楼的小天窗还能看见月亮。以各种书籍、绘画和音乐作为小店的主要特点，而对于大学生特别照顾，只要办一张 20 元的月卡就可以每周来这里看书、自习。

关于酒吧的知识

酒吧的起源：酒吧，在英语里是 Bar，原意是长条的木头或金属，像门把或栅栏之类的东西。据说，从前美国中西部的人骑马出行，到了路边的一个小店，就把马缰绳系在门口的一根横木上，进去喝上一杯，略作休息，然后继续赶路，这样的小店就称为 Bar。

不管怎么说，酒吧，这一词语，给人一种“在外”的感觉。去酒吧消费，是一种闲暇。

不过有意思的是，在17世纪70年代，酒吧和咖啡馆刚刚诞生的时候，就承担了一定的市民议政功能。也使得当时的国家权力机构号召人们提防咖啡馆或酒吧辩论所引发的危险，并将其视为政治动乱的温床。

酒吧的意义：酒吧代表了一种新型的娱乐文化。在酒吧里，无需考虑社会地位、等级、礼仪问题，但举止得体是基本的交往准则。这样，人们跨越出身、等级和地位进行交流沟通，他们必须尊重彼此的看法，不管对方是谁，因此，酒吧或咖啡馆社交能培育出一种尊重和宽容别人思想的新态度。

酒吧或许是比较热闹的场所，但到酒吧来寻求心理支撑，可能孤独和寂寞会更多一些。酒吧和卡拉OK不同，它不需要对话。有音乐，有酒，来取代思想的交流和灵魂的对峙，所以，酒吧热闹的表象下仍然是孤独和寂寞者的世界。从酒吧里出来的思想者不可能获得真正的满足。

酒吧在中国：酒吧在中国有一种娱乐被“精英化”和“美学化”的现象。去酒吧不是一般大众能消费得起的，同样一瓶啤酒，在超市最多10元，在酒吧，最低是20元，而且很多酒吧还有不能低于30元的最低消费。再说，中国人去酒吧玩，往往是成群结队，一般消费都是很高的。这一点，就是在号称中国经济中心的上海，也表现得很明显。一般市民的闲暇消费是不大可能与酒吧挂上钩的。

再有，就是酒吧的消费群体现阶段主要由年轻人构成，酒吧是他们寻求想像、梦幻、宣泄、交往的场所。另外，知识分子也慢慢加入其中，这可能是学术影响了他们的审美爱好。

三里屯酒吧——不夜的北京

在中国，最出名的酒吧部落当属三里屯。三里屯是北京最早的酒吧群落，这里出现第一家酒吧是在1989年，且出现在南三里屯，而形成气候、名声最响的是三里屯北街。据说在三里屯周边3公里的范围内“扎堆儿”着全北京40%以上的酒吧，即意味着约200家酒吧的规模。在这里，你很容易找到不夜的北京。城市夜多少迷离，酒吧是夜色中的生活亮点。

走进三里屯酒吧一条街

三里屯最初以汽配、服装市场闻名。后来，逐渐成了酒吧街。朝阳区相关部门介绍：酒吧街位于朝阳区三里屯北路东侧，全长260米，占地1648平方米。该街毗邻包括加拿大、澳大利亚、法国、比利时、德国等在内的79个国家的使馆，与联合国开发计划署、人口基金署等7个驻华机构邻近。

实地走访发现，整个酒吧街上有酒吧30多家，“扎堆儿”的200多家酒吧正在向三里屯两侧的胡同里延伸。

谁是酒吧街固定的客人

由于三里屯北街毗邻北京最大的使馆区，老外就成了北街酒吧的固定客人。近几年，本地的白领、演艺界人士，乃至外地旅游者也成了酒吧街的常客。酒吧街的固定客人队伍正在扩大。

资料显示，1996年以前，光顾三里屯的顾客中，外国人的比例占95%以上。到2003年，随着中国顾客的频频光顾，外国客人所占比例已降至30%左右，但其绝对数量仍处于增长之中。至今外国客人都是三里屯的稳定消费群体。

随着酒吧一条街声名的日益显赫，来酒吧一条街的北京客人也从最早“三资企业”的白领逐渐扩大到文化艺术、演艺界人士和外地旅游客人。其中，音乐圈和演艺圈的人曾经是三里屯酒吧的中坚力量。“男孩女孩”酒吧素以现场演唱出名，每天晚上都有现场乐队的演出，许多著名的歌手成名前都在这里唱过歌。

假期旅游进入百姓生活以后，多家外地旅行社的京城旅游景点介绍中，都能看到“融入北京人的夜生活——感受三里屯酒吧街”的内容。酒吧街经营者介绍，在旅游旺季，外地游客在顾客中甚至能够占到一半以上。

这里的一天从中午开始

刚刚走进酒吧街，笔者就看见了悬挂在“男孩女孩”酒吧门前成串的足球。虽然4年一次的世界杯足球赛已经过去数日，但是成串的足球还是让人一下子就想到了那个令数以万计的球迷兴奋不已的节日。酒吧服务员告诉笔者，在重大足球赛期间，三里屯酒吧街竖立着大型的赛程广告牌。在酒吧门前的人行道上，各家酒吧在门外摆的餐桌连成一体，中外的客人们边喝酒边看电视，边议论着球赛可能的结果。路边的护栏上、大树、路灯灯杆间，悬挂着各式各样的条幅和体育标志。

三里屯北街的酒吧比较密集，从南到北，不长的街道上聚集着几十家酒吧，门口与门口紧密相连。如果不仔细辨别，很难分出哪家是哪家。小资酒吧、男孩女孩、兰桂坊、休息日、棕榈海滩、NO. 52……每家的生意都那么红火。

因为下雨，已经临近中午时分，街上的行人依然很少，前来就餐的客人也不是很多。报亭的老板告诉笔者，这种情况很少见，因为酒吧的生意要一直延续到第二天凌晨三四点钟，所以每家酒吧的一天都是从中午开始。

酒吧开始向两侧延伸

走在三里屯酒吧街上，人们看到几乎每一处向外延伸的胡同都有酒吧的招牌。走进胡同发现，里面的酒吧差不多也是一家挨着一家，虽然没有街面上那么紧凑，但是规模明显大于街面上的酒吧。

“到了晚上，三里屯的酒吧常常是人满为患，这为就近胡同里的经营者带来了机会。”虽然胡同里的酒吧不如街面上的数量多，但是向着胡同里面延伸已经成为一种趋势。“看到新开张的生意红火，后面就会有人跟进。”酒吧经营者介绍说。

目前向东侧胡同里延伸的酒吧明显多于向西侧延伸的酒吧。

酒吧街改造进行时

走在三里屯酒吧一条街上，你会看到两种风景：路东鳞次栉比的酒吧和路西大面积的工地。酒吧依然是过去的酒吧，人满为患生意红火；正在施工的工地被工艺型装饰档板装点，大方而整洁。两种完全不同的存在形式，在这里和谐相处。

2004年9月15日，新的三里屯规划方案出台。按照新的三里屯规划方案，三里屯将建成以酒吧区为主打的文化艺术街区。

三里屯地区是朝阳区确定的文化产业区，新三里屯将构建占地5万多平方米的文化艺术街区。

规划中的新三里屯位于三里屯北街，与三里屯酒吧街隔街相望。街区所有建筑均为4层低密度，限高18米。

新三里屯的主打街区为艺术文化酒吧区。酒吧区将专攻异域文化风情，与目前三里屯酒吧街的异域文化风情相吻合。据悉，新三里屯的1/4为艺术文化酒吧区，将容纳20～30家酒吧。

由于目前的三里屯酒吧街是临时建筑，在未来的规划中将会被逐渐拆除，到时三里屯的酒吧可以到这里来经营。

建成后的新三里屯将被道路西侧的3.3大厦和区教委隔成南北两区，北区主要为住宅、一家五星级酒店和少量高档零售门店，约占到整个“新三里屯”的1/5多。南区为时尚文化休闲消费中心，包括“尊贵品位区”、“艺术文化酒吧区”、“潮流区”、文化广场和时尚大道等，市民可在此购物、泡酒吧、健身、看电影、垂钓。闲暇时，市民可去1000多平方米的文化广场散步，也可到小型博物馆看一些文物展示。

商家故事：酒吧街开茶吧 与众不同就是卖点

在三里屯一条街上经过，一间夹杂在酒吧之间的茶语茶吧格外引人注目。

走进茶语茶吧的时候，看到总经理卓嬴正在紧张地忙碌着。她说，“此前，这里是一间进口时装特色店，刚刚盘过来开张营业”。“一年投资20万元，可以做许多事情。为什么选择在一条完全西方的西餐、酒吧一条街上开设非常中国的茶吧？”“与众不同就是卖点。”年轻的姑娘卓嬴快人快语。

茶语茶吧内陈设着自然风格的根雕茶桌和精品茶具，经营销售宜兴紫砂壶、福建名茶以及中高档茶具，在酒吧一条街上独树一帜。

取名茶语是因为经营者认为，茶是有生命的，茶的生命具有艺术内涵，这种内涵不仅表现在茶的清香上，还表现在它的品位，需要细心地聆听。

中国的茶道正在得到越来越多的外国人的认可，而三里屯酒吧一条街每天都云集着大量的中外旅游人士，消费者来到这里，不仅可以观赏宜兴紫砂壶、艺术根雕和茶艺表演，还可以品尝茶的芳香，闹中取静感受中西文化的交融，别有一番情趣。

将茶吧开到酒吧街上，经营者真是别具匠心。

去三里屯坐品生活

作为北京的标志性景点，三里屯是一般英文刊物上必定介绍的场所。外国人来京不去三里屯看看，就好比外地人来京不去王府井一般“老土”。三里屯，北京最著名的酒吧一条街，京派酒吧的代表，与上海新天地并称中国酒吧业的两面旗帜。多少年来，每天都有许多来自世界各地的人们聚集到这里。特别是在晚上，这条南北总长不过500米的酒吧一条街更成为外国人最密集的娱乐之地。

霓虹闪烁的露天餐饮

其实，三里屯不是街的名称，是地区名。三里屯社区位于朝阳区东二、三环之间，交通便利，与王府井、朝外、燕沙、CBD商圈距离均不超过5公里，在总面积2.9平方公里内坐落着北京第二使馆区，77家各国驻华使馆毗邻相连，500多家规模不等的企事业单位、涉外宾馆、外国商社、外交公寓散落其间……宽阔的工体北路将三里屯分割成南北两个区，三里屯酒吧街也就被习惯地分成南北两条街。洁净的小马路把街区流畅地串在一起，路边的树多已成材：高大的槐树、结实的梧桐、挺拔的银杏。

北京80%的酒吧都开在三里屯方圆1公里的地区，而三里屯地区80%的酒吧都集聚在三里屯南北两条小街上。最早的酒吧在很大程度上是为附近使馆区的外国人开的。方圆数里的三里屯商圈，是京城外国人最为集中的区域，每天都有许多外国人到这里来。露天式餐饮成了这条街的特色，也孕育了今天的酒吧街，现在不只是外国人来，更是各地观光客造访的景点。晚上8时30分过后，很多家酒吧都有乐队开唱，把夜晚点缀得有声有色。

露背T恤与唐装共存

中式服装、酒吧、老外，三里屯的风景是中西交融的，这里正在成为北京的原创服装设计的聚集地，汇集的多是“民间艺术家”。

来酒吧街就等于到了服装街，逛完服装街的人也多会到酒吧街坐坐。如果说逛隆福寺的是前卫的新新人类，那么逛三里屯的人则更有“原则”，他们是那种坚持自己着装理念、绝不盲目购物的成熟时尚人士。值得一提的是，三里屯几乎是所有时尚圈中人士的钟爱，包括大大小小的明星、摄影师、造型师……与秀水街相似，三里屯也是以销售外贸服装起家的，这里的服装依然保留着不少外贸服装的感觉。三里屯是亦中亦西的，逛这里的人，肯把最时髦、最大胆的露背T恤和最“老土”的唐装穿在一起，正暗合了征服全球的穿着理念。

这里没有大商场冰冷的玻璃幕墙，没有导购小姐的商业笑容，没有处处可见的品牌广告，这里有的是惬意的品味和之后认真的讨价还价，生活展现出真实而亲切的面目。累了，就到街另一边的酒吧坐坐，下午的服装街上人流熙熙攘攘，对面的酒吧街则在静静地等待着夜晚的到来。

音乐抚慰孤寂落寞

吧好引来众人寻，悠然、静谧、优雅，兰桂坊以其独特的风格成为三里屯酒吧街不可或缺的重要一员，使得中外游客趋之若鹜。充盈着舒缓的乡村民谣、经典的怀旧金曲，兰桂坊的门脸用圆弧形突出天蓝色外檐，采用了中式传统风格，简洁而不单调，鹅黄色灯光中透出悠然宁静。兰桂坊酒吧是一个特别讲究调节气氛的地方。根据客人的不同，他们灵活地选择不同的音乐、灯光，让客人一直觉得是在一种自己最喜欢的环境下，以怀旧老歌为主的电声音乐演奏，既没有无病呻吟的低俗，又无垃圾金属的聒噪，能在不知不觉中引起你心灵的共鸣，让人沉醉其中。

南街的酒吧相对比较简陋，但风格各异。音乐圈的人在南街有很大的势力，因此，南街酒吧弥漫出一种神秘的艺术气息。明大咖啡、乡谣、隐蔽的树、芥末坊都是较早在南街出现的酒吧。隐蔽的树的老板是个比利时人，因酒吧房间里有树而得名。酒吧卖最纯正的比利时啤酒，卖意大利式炉烤比萨。

酒吧的氛围能让在异国他乡生活的人感到温馨，抛开暂时的落寞与孤寂，得到心灵的慰藉与家的归属感。

三里屯的时尚新生活

三里屯，北京前沿时尚的策源地，它起于自然，炫于多彩，臻于发展，从没有失去人们的兴趣与关注。那么，所谓的全新时尚生活是什么？会有什么样的感受呢？

印象一：假如你驱车而来，你不用再担忧停车之苦

三里屯酒吧街没有停车位，这一直是困扰众多商家的“硬伤”。3.3拥有本区惟一的大型地下停车场，含200余停车位，嘉宾还可享受代泊车的服务。

印象二：假如你苛求别样的空间感觉，广场与电子屏幕令你拥有别样感受

在酒吧北街，3.3北侧临街2000平方米广场是本区惟一大型开放式公共空间，极可能成为三里屯酒吧街的“中心广场”和客流人气的“汇聚场”；而8×8平方米的电子屏幕设于建筑北侧立面上，成为三里屯酒吧街目光的聚焦点和绝无仅有的超大规模之户外媒介。

印象三：假如你有一群美食客朋友，这里会有在北京你吃不到的佳肴

喜欢优雅感受的朋友，有可能在这里见到“人间”日本料理店和“麻布茶坊”老店。“人间”这家最著名的日本料理

店之一，在中国大陆除上海之外尚无分店，爱好日餐的朋友可在此一品为快。

此外，代表涉谷流行文化的主题餐厅 J-POP CAFÉ 也有可能进军 3.3，其最独特之处是与日本零时差的日本音乐 MV 加上每桌都布置的液晶互动式屏幕，美食美景，时尚怡人。

喜欢美式食品的朋友，则有幸落座 LAWRY'S 或“茹丝葵”的餐桌前，品尝顶级的 U. S Prime 牛肉、牛排。

而热衷新式快餐的朋友则可能惊奇地发现来自台湾的 Hooters girls（啦啦队）的热情表演，“Hooters” 开启了无拘无束用餐的新风气。

来自英国的著名的 Pizza Express 和来自香港的 Elite Concepts HK 则分别以各自领衔时尚的特色快餐吸引人们的胃口。

在 3.3，食客们会见证更加精彩的世界。

印象四：假如你想玩新花样，V-Mix 是不错的选择

在 3.3，你可能会发现 e 时代全新概念的高档 KTV——V-Mix 出现在你的眼前，这个包括无线麦克风、声音文物馆、宽频网络环绕音像等特色在内的娱乐空间，会令人拥有不一样的享受。

印象五：假如你是一个有情调的成功人士，你会在 3.3 找到专属的时尚感觉。

知道什么叫“CJW”吗？就是“Cigar（雪茄）、Jazz（爵士）、Wine（红酒）”。在这里你可以抽到全世界最顶尖的雪茄，无论是来自多米尼加还是古巴，你可以沉浸于从 Rag time 到 Fusion 在内所有流派的精品爵士，你还可以在将近 50 种红酒中挑选到你的最爱。

印象六：假如你是一位情调细腻的职业女士，3.3 拥有令你流连忘返的空间

英国名牌杯具的咖啡名店——古典玫瑰园是典藏咖啡历史，展示杯具博物的空间。喜爱水晶品的女士们有可能在琉园Tittot店欣赏到具有迷人人文气质和时尚美感的水晶极品。而由杨惠珊与张毅创立的琉璃工坊的新模式店——TMSK（透明思考）结合博物馆式的卖场与酒吧形成一个充满中国琉璃文化气质的场所，同样会令喜爱艺术的人们流连忘返。

印象七：假如你是一位讲究品位的男士，你可能有幸见证Davidoff的精致感觉。

以雪茄及相关配件及时尚精品闻名于世的Davidoff是世界知名品牌，向来为上流社会品位的代表。在这里，你无疑会有机会佐证你的时尚品位。

七个初步的印象或许不能代表3.3的全部，我们也有理由给自己更多的时间去等待一个具有标志意义的作品的到来。

而在三里屯腹地，3.3完成的是一个聚变，而这次聚变带来的，有可能是使三里屯酒吧文化进入又一个星光灿烂的裂变期。

毕竟，星光灿烂的裂变是美丽的。毕竟，三里屯是属于所有钟情时尚人士的。

因此，我们有理由期待三里屯，生生不息的三里屯。

交友酒吧——享受不做作的浪漫

泡吧无罪，搭讪有理：泡吧是为了生活的滋味，搭讪是为了生活的情趣。1999 年，第一家以交友为主题的“阿伦故事酒吧”在成都开业，它吸引了无数年轻人。短短 6 年，“阿伦故事”在全国 31 个省市有了 137 家加盟店。2006 年，京城首家以交友为主题的酒吧 Link club 悄然现身建外 SOHO，向京城寂寞的灵魂们敞开了大门。邂逅于酒吧中的感情，酒吧老板说：“在这里人们可以享受到不做作的浪漫。”

阿伦秘笈

电话交友：这个创意不仅仅体现于那部小小电话，更具魅力的是十大注意事项。“男人篇”第 1 条：请记住，你不是在勾搭陌生女人，而是准备贡献一点时间，与对方探讨关于人生的一些问题，然后一起去蹦迪。而“女人篇”第 1 条是：如果接到男人的电话，千万不要相信他仅仅是贡献一点时间与你探讨人生问题，不过偶而被勾搭一下也是一种幸福，你很有魅力……

纸鹤传情：如果你没有勇气给想交的朋友打电话，也可以轻轻拿起纸鹤，写下你的深情留言，让酒吧服务员把你的祝福给他（她）传送过去，随后你就可以期待回复了。

空瓶寄情思：也许很多感觉无法用言语表达，那就把所有的这些都封存在阿伦故事酒吧特制的红酒瓶里。在某年某月的某一天，在他（她）的面前重新开启，想一想，面对这份尘封过的情思，他（她）会有怎样的吃惊，你会有怎样的心境？

恋爱魔箱：分为“帅哥”魔箱和“美女”魔箱，肚子里装着红、黄、蓝、绿各色彩球，正前方有一个投币口，投进一枚一元硬币后，就会从右下方的孔洞中吐出一个彩球，里面是一张纸条，写着一位异性的联系电话和爱情宣言。许多人因此遇到了自己的白马王子或者灰姑娘。

“阿伦故事”是个奇迹。这家于2000年最早在成都开创交友主题模式的酒吧扩张迅猛，目前全国各地的加盟店已猛增到130多家，无可争议地登上了中国最大酒吧连锁品牌的“宝座”，而这一切都和酒吧主人阿伦分不开。

阿伦本名张洪黔，阿伦是他的英文名字。阿伦父母支援三线建设到了贵州，阿伦就出生在贵州，从贵州安顺师范专科毕业后，阿伦阴差阳错地进了安顺市开发区管委会当了一名机关干部。一年后，又跳槽到贵州省建设厅下属的一家中外合资房地产公司。

1994年，不甘寂寞的阿伦自费到新加坡留学，先后进修了传媒和工商管理。在就读MBA期间，阿伦就以SINGLEBAR的经营策划获得新加坡大学创业计划大奖，为其后来进军酒吧业埋下了伏笔。

结束新加坡的留学后，由于姐姐在蓉，阿伦到了成都，并在省政府下属的一家公司工作。不安分的阿伦觉得这工作索然无味，虽然同时还受到了西门子成都分公司的邀请，但内心涌动的创业激情让他断然选择了放弃。1998年，阿伦创办外贸公司，通过转手国外先进的技术设备，获得了自己的第一桶金：10万元。

创意：开酒吧交友先河

抱着“一个行业做久了就会腻”的心态，阿伦逐渐开始涉足广告、装饰、管理咨询等多个领域，并有所斩获，但将SINGLEBAR策划案变为现实才是他最大的愿望。

1999年底，阿伦正式筹办自己的酒吧——阿伦故事，但这一想法一提出，就遭到了全家人的激烈反对，因为大家认为“娱乐业很乱，正经人是不会去做酒吧的”，而一些朋友则告诉他“这样无异于自杀”。

2000年，阿伦力排众议，在双楠小区双元路创办了第一家阿伦故事俱乐部。经营初期，由于管理上的疏漏，许多吧员从外面带烟、酒进店销售，加之装修简陋，酒吧毫无利润可言。

阿伦决定改变传统经营方式。他首创了“信箱传情”，并随后升级为“电话交友”，开创了成都酒吧交友的先河：每个桌上都设有一部电话和座位地形图，泡吧者完全可以自助交友，除拨通电话开聊外，还可以通过BBS进行贸易、商务交友。不少外企甚至将这个可以桌对桌与陌生人电话聊天的咖啡酒廊作为员工进行电话陌生拜访的培训基地。“什么都可以复制，但理念和文化却不能复制。”凭着这样的经营理念，阿伦故事不久就火爆异常，每天都有很多客人因找不到位子失望而归，月收入达到了15万~18万元。

创新：酒吧酿出“爱情小说”

2002年12月，阿伦率先在成都做起了连锁，第二家阿伦故事诞生在科华北路。与此同时，早在1990年就已是安顺作家协会会员的阿伦，开始以自己的酒吧为背景，创作了大量名噪一时的爱情小说，如《谁说淑女不泡吧》、《我是良民请爱我》、《到阿伦故事去打“骚扰”电话》等，并在互联网上连载和流传。此后，全国各地网友慕名来到阿伦故事，只为体验酒吧的“只预约浪漫，不出售爱情”。如此一来，阿伦收获了大量的财富和无数的惊喜。

2003年4月底，非典肆虐，包括酒吧在内的娱乐业受到很大影响。当时在巴黎的阿伦每天只有通过短信了解酒吧的经营情况。心情极差的他成天流连于法国的酒吧，邂逅了当地的一位老人，老人告诉他“不要怕，其实道理很简单，家里着火了，你可以扑灭它；火烧大了，只要报警就一定可以扑灭的”。一席话让阿伦落泪了，并且使他坚定了做好阿伦故事酒吧的信心。回国后，阿伦开始着手实施把酒吧连锁到全国的具体事宜。

创举：阿伦故事全国连锁

3年前，当阿伦在成都某网站侃侃而谈，希望做中国的酒吧连锁时，人们还对他的雄心壮志持怀疑态度，然而现在，他离这一目标却越来越近。

2003年圣诞前夕，作为连锁样板店的阿伦故事南充店正式开张。其后，阿伦故事在国内不断发展壮大，省内的绵阳、遂宁、雅安，省外的桂林、南宁、北京都已经有了阿伦故事或即将开出，数量达20多家，有意向加盟的也在15家左右，加盟费从5000~20000元/年不等。阿伦故事在成都的第三家店也在中华园附近正式开业。

阿伦对酒吧这种功能和文化连锁的方式信心十足，因为无论你身在何处，功能连锁都能使你遇到想遇到的人。他称，自己计划用5到10年的时间，在全国开2000~3000家连锁酒吧。谈及现在的前 100 家店的极低加盟费，阿伦的回答是："等着瞧吧！会比星巴克还贵的，我要让这 100 个人成千万富翁！"

然而阿伦的野心却远不止此，其长远目标是将阿伦故事作为中国酒吧第一股，实现在国内和海外上市，把阿伦故事讲到全世界。阿伦目前已在国内抢注了包括服装、酒类在内的大部分商标，其全国会员服务中心也已正式启动，阿伦要在酒吧里卖自己的服装、酒、书，甚至在酒吧里售楼。

对阿伦的采访被来自全国各地加盟者的电话数次打断，很显然，其酒吧全国连锁正在火热地进行中。

你渴望交流吗？你期待偶遇吗？你追寻浪漫吗？你放逐理想吗……

这是众多小资的渴求，而也正是因为这些渴求，成为了张洪黔成功的理由。

"坚决和陌生人说话"的夜色酒吧

特色经营，酒吧亦是如此。要在酒吧林立的北京三里屯站住脚，特色显得尤为重要。以交友为主题的酒吧就这样在三里屯开张了，这家打着"坚决和陌生人说话"旗号的夜色酒吧是以"交友"得名，来此的都市男女可以在这里寻找自己心仪的人交流，敞开心扉。不过在酒精的作用下，感情的纯度到底有多少，让人无法分辨。

周末，晚上 8 点，夜色酒吧。夜幕的降临就是夜生活的开始，昏暗的灯光、红色的薄纱酝酿的暧昧气氛在酒吧里蔓延。9 点，人逐渐多了起来，整个场子开始热了起来。

在夜色里，酒吧为到来的客人准备了四种不同颜色的心形图案，进入到酒吧里的男男女女可以在其中三种颜色中选择代表自己心意的心形：红色心形代表自己愿意结交异性；绿色代表自己愿意结交朋友，不限性别；蓝色则代表自己是不愿意被打扰的；还有一款黄色心形，这可是由别人给自己贴的，当然这必须要在其他人认为你是今晚最靓的才行。

不一会儿，随着音乐节奏愈发的强烈，在酒精的作用下，“夜色”里气氛更浓，很多人已经开始行动，寻找自己中意的朋友。

落座在 C 区 16 号台不久，张小姐收到了一张由服务生递过来的粉红色的小卡片，上面写着，“能否邀请小姐你过来一同喝一杯呢?”张小姐笑笑，提笔回答道，“很抱歉，你应该看到我身上的蓝心。”（这表示张小姐拒绝了对方的提议，因为张小姐只是想来看个新鲜）

当然，对方也是一笑了之，小纸片免去了大家搭讪时的尴尬。毕竟，这种先探问的方式不会让彼此都觉得尴尬。碰到钉子的不少，但也有不少人就这样交到了朋友。

另外一名男子却顺利地与一位靓女聊了起来，帮助他的依旧是那张传情的粉红小纸片。

“我就是喜欢这种氛围，用这些小道具避免了陌生男女之间的尴尬。虽然不一定会在这里交到男女朋友，有时和陌生人聊天，自己特别放松，说不定还能交到红颜知己呢!”已经来过几次的张先生说道。

据酒吧特色部经理陈裕介绍，酒吧有五大特色交友方式：纸鹤飞鸿、交友引荐卡、电话传情、网站会员和交友信息栏。“提供这些交友方式就是为了不同的客人考虑，有些客人天生比较腼腆，不爱主动和人交谈，内线电话、小纸片、交友卡都是不同的交友方式，避免了客人的尴尬。”酒吧徐总这样介绍。“我们交友酒吧可不是传统的婚介所，但我们的酒吧特色就是交友，为客人提供寻觅爱情的场地。更重要的是，因为我们的场地很大，客人们有了认识更多人的机会。有点类似于国外的8分钟约会，但氛围会更加轻松、随意。”

在酒吧入口处，人们看到已经贴了不少留言的信息栏，其中有的写道“过来看漫画吧，我就是其中一幅”；还有的写着：“如果有1000个人从身边走过，我也能听出你的声音，因为有999个人是踏在地上，只有你是踏在了我的心里！”诗情画意，让人心动。而有些人则很直接将自己欲寻觅对象的标准张贴出来，直言不讳。

“我感觉和8分钟约会有异曲同工之处，只不过在这里时间可能更长些，我们认识的人也会更多一些。”来此闲逛的一位女士告诉笔者。“我自己蛮喜欢这种方式，可以很直接地表达自己对某人的好感，不像8分钟约会那样，虽然认识的人很多，但时间太短，对一个人的好感只停留在表面上。又不像婚介所那样，一次只认识一个人，太浪费时间，选择性很小。”

实际上，北京夜色酒吧只是一个复制，它原创于深圳，之所以能够进军北京的酒吧业，则得益于在深圳的成功。

夜色酒吧在深圳已经创下了一个奇迹。据酒吧徐总介绍说，深圳生活节奏较快，对事业的追求让很多都市男女无暇顾及爱情，遗失了他们寻找爱情的机会。而交友酒吧则能提供一个很好的氛围和场所，让人们敞开心扉，放松自己，寻找爱情。

在深圳，夜色酒吧开张后，口碑不错，也创下了经营的奇迹。据悉，深圳夜色酒吧在开张之初也曾遭到质疑，但经历了8个月的惨淡经营之后，生意开始出奇地火。

“我们目标客户群体就是单身群体。”陈裕得意地告诉笔者。而陈没有言明的一层意思是，夜色要打造品牌，必须要往高端走。

“深圳的成功让我们更有信心在北京开第一个旗舰店。而且北京夜色的硬件设备绝对在京城属于高档的，光是前期投入就达800万元左右，夜色旗舰店的规模比深圳的要大，投资更多。”徐总透露。

据酒吧经营者介绍，开业一个月来，基本上每晚人流不断，虽然还没有到人满为患的程度，但是按照这种势头下去，公司打算在西城区再开一家交友酒吧。

忙碌的都市男女利用这样的场所为自己寻觅一份爱情，或在此收获一份友情。“反正试试，能不能碰上，看自己的运气吧。”一位年轻的女孩坦言道。

但亦有人士指出，在交友酒吧，大家都是陌生人，彼此都不知道底细，很难排除有些人来此动机不纯，为了寻找激情而已。“毕竟情与色之间只有一线之隔。”

很多客人很排斥被人询问来此的动机，而更多人则认为自己来泡吧就是为了玩，为了放松。

一个纸鹤上露骨地写道，“天亮后，你不再是我的女友。”在信息栏处，笔者观察到，类似这样的留言不少：“某建筑公司的CEO，性格稳重，见什么人说什么话、上什么山唱什么歌，喜欢泡吧，和23岁以下的女孩眉来眼去，有意请致电。”“女，喜欢撒娇，温柔得像只猫，年龄在40岁左右，而且事业有成。”

“我们不能对客人进行审查，毕竟不是婚介所，来这儿的人都是成人，大家对于自己的爱情都有自己的选择标准。当然也不能排除一些已婚的人士来此寻找激情。”徐总如是说。

江城酒吧成白领相亲好去处

过去往往在媒人家见面的相亲活动，近年来有了些变化。细心人发现，如今的都市白领在相亲时，选择的地点往往是咖啡馆、茶楼或者酒吧。

经人介绍，武汉市某法院法官章小姐要与一位条件相当但素不相识的单身白领相亲。由于中间人有言在先，约会的事不掺合，两人只好自行约定相亲的时间和地点。双方在电话中约定见面地点为武汉展览馆附近的咖啡馆“苦咖啡之巢”。在两人看来，咖啡馆里气氛轻松，舒缓的音乐可以缓解两人初次见面的压力和不适感。

像章小姐这样，避开媒人和家人，把相亲地点确定在咖啡馆、茶楼、酒吧等休闲场所的都市白领不在少数。“最近一年来，父母兄长催得急，相亲不断。我至少在休闲场所里相亲过七八次了。”一位不愿透露姓名的白领人士说。

传统的相亲活动多在家里进行，父母一般在场或在暗中观察，场面局促，当事双方难以真正相互了解。社会文化研究专家何华彪分析，相亲地点的变化，从一个侧面说明了社会大环境对自由婚恋的认同和赞赏。酒吧、咖啡馆等地方氛围轻松，便于双方沟通交流。在很多人看来，即使做不成恋人也可做朋友，而这恰恰是一种开放、包容心态的体现。

直击 Link club

“引荐卡”传递情缘

按常规判断，写字楼里开酒吧该属于底商，可这京城第一家交友吧竟然开在半空中。乘电梯直达26层，在电梯左手方向，笔者发现了一扇银色金属大门，门上黑色的Link club标志不甚显眼。没有服务生站在门外，但门边的一块宣传板却引起了笔者的注意，除了酒吧的宣传照片外，板上一张印有“致一号桌一女士/先生”等内容的“交友引荐卡”，在第一时间诠释出酒吧的“交友”主题。

由于尚在试营业，酒吧内只稀稀落落地坐着七八桌客人，尚处单身的客人不多，两个人在吧台和调酒师聊天，另一个女孩坐在正对门口的电脑前上网。

交友吧的整体格局和布置与一般酒吧相差不多，特别是每张桌子上都摆着几张“交友引荐卡”，卡上印着一张表格，需要填写的内容详细得有点像查户口：姓名、年龄、籍贯、联系电话、行业范围、教育背景……一应俱全。

据酒吧服务生介绍，由于正在试营业，目前的引荐方式只有两种：一种是按桌上“鸿雁传书”卡的格式，把自己和对方的桌号、衣服颜色等明显标志填在卡上，再发挥自己的文字优势，写上为何希望认识对方的留言，由服务生交给对方；另一种是把卡上传达的信息告诉服务生，由服务生安排在墙面的屏幕上滚动播放，公示自己的交友愿望。

正式开业后，酒吧还会用上高科技，客人只要发送手机短信到一个固定号码，就可以把自己的交友留言打上滚动屏幕。

吧客调查：目的不为“一夜情”

目的一：在这里搭讪感觉更名正言顺。

目的二：你们的故事会是我创作的一部分。

落座不到半小时，张小姐就接到服务生递过来的一张“鸿雁传书卡”：“美丽可爱的红衣小姐能请你喝杯酒吗？我已经看了你很久了，期望能有缘和你相识。”递来纸条的是一位穿着素色毛衣的男士，30岁上下，见张小姐没有明显反对，他起身坐到张小姐旁边。

交谈中他告诉张小姐，自己是个摄影师，也是第一次来交友吧，“前两天听朋友说，感觉挺好玩儿，这酒吧的老板挺有创意。以前在三里屯也和女孩子搭讪，但这里感觉更名正言顺，可惜人少了点，过两天正式开业人就该多了吧。”张小姐当晚和他谈了近两小时，多半是东拉西扯，离开时相互留下了电话，但不是真实姓名，只是以英文名代替。

张小姐一连四晚泡在Link，和她交谈的7位男士以公司白领为主，表现得都挺绅士，并没有一人向张小姐提出类似“一夜情”的要求。有趣的是，张小姐竟然连续两个晚上都遇到了同一个自称是自由撰稿人的男士，虽然交友吧试营业才半个月，可他已经是这里的常客了。张小姐故意提起一夜情的话题，他不屑地笑了，“肯定有人来酒吧是寻找一夜情的，不过远没有大家传说的那么普遍。不过我来这里的目的其实也不纯，说是交朋友，实际上是为了听故事，你们的故事将来都会是我创作的一部分。”

吧主坦言：为让陌生人“链接”

理由一：让北漂族们多认识当地的朋友。

理由二：交友吧不提倡为一夜情而交友。

连续四晚待在Link，笔者终于引起了酒吧老板的注意，表露身份之后，他不但没有因笔者的“暗访”生气，反而笑得欲罢不能，“难道陌生人之间有好感，希望相互认识，就只是为了一夜情？”

“我这间酒吧叫Link，取的是链接的意思，我们的口号就是‘一杯酒可以成为陌生人链接的理由’。当然，如果漂亮的女孩子遇到多情的帅哥，也等于是艳遇。”老板直爽地告诉笔者，他看中北京的“交友市场”，最初并不是为当“红娘”，而是觉得北京的外来居民很多，能交到更多朋友是这些北漂族们的基本愿望，“他们交友的目的多半是为了多认识些当地的朋友，不至于与那个城市太过疏离”。

对笔者提出交友吧是否在纵容“一夜情”的问题，他没有刻意回避，“我不能说一夜情不会发生，但那是当事人双方的决定，并不是交友吧提倡的交友目的。一夜情可能在任何一间酒吧发生，并不是在交友吧才会发生，它不是酒吧能够控制的”。

择友方式保守促生交友吧

对于北京人来说，名正言顺地在酒吧里“交友”，还是个新鲜的概念。可中国餐饮协会的林先生却觉得交友吧的出现不但不值得惊讶，对于交友方式多限于朋友介绍的保守中国人来说，反而是件好事。

“其实，以‘交友’为概念的主题酒吧不只出现在中国，韩国甚至英国都有这样的酒吧，出现这种概念酒吧最重要的原因，就是这些国家的人择友方式保守。美国就没有这种酒吧，因为美国人别说在酒吧，在路上看到顺眼的异性都可以直接搭讪，根本用不着正式的交友吧。”林先生告诉笔者，在韩国、英国等国家，都有专门供单身男女相识的酒吧，“比如在韩国，一些未婚男女为了找到意中人，通常会晚上到这类酒吧喝酒或喝饮料，如果有男生看上某位女生，就会由服务员帮其传递信息。如果女生太羞涩，服务员还有责任把女生直接拉到男生所在的吧台。而在英国，有些交友概念酒吧会要女生在脖子上挂一把小锁，男生则会拿着钥匙寻找自己心仪的女孩开锁”。

对交友吧在北京的前景，林先生表示“非常看好”。“不论是好奇也好，真心想交到朋友也好，我相信听说交友吧的人都会有想去看看的冲动，这样的酒吧应该说是给人与人之间的相识和交往提供了新的平台。”

星巴克：舒尔茨用咖啡成就的事业

霍华德·舒尔茨创立的星巴克咖啡店遍布世界每一个角落，从北美到欧洲、亚洲，从西雅图、纽约到大阪、阿曼、北京、上海，总数已经超过7500家，而且仍在增长，每周接待全球2500多万名顾客。2003年2月，《财富》杂志评选全美最受赞赏的公司，星巴克名列第9。在华尔街，星巴克早已成为投资者心目中的安全港。过去10年间，它的股价在经历了四次分拆之后攀升了22倍，收益之高超过了通用电气、百事可乐、可口可乐、微软以及IBM等大公司。霍华德·舒尔茨倡导的咖啡精神，已成为全球文化。

"我想赢！"

这是一个前所未见的企业，它对文化精神的传承和它人性的光芒令人惊异。这个企业完全是由人的境界成就的梦想，用梦想成就的事业。这个梦想为所有人的心灵提供栖所，同时也让许许多多的心灵通向幸福和高尚。这一切都由一个人的心灵来完成。

舒尔茨一家住在纽约著名的贫民区。小时候父亲跌断了脚踝，没有医疗保险，更严重的是失去了工作。本来就一贫如洗的家庭完全没了收入，母亲为了下一餐不得不去向人借钱。这让渐渐长大的舒尔茨既痛心又痛苦，他感到自己背负着一种贫穷带来的耻辱。

最糟糕的是，父亲从来没有从自己的工作中获得过人生的尊严和生活的意义。舒尔茨下决心跳出父母的阴影。于是他一生都在“惦记着什么”，他努力、坚持，把命运握在手里。打橄榄球别人都停下来休息时，他总是在亢奋地奔跑，像是在发泄，又像在追逐着某种只有自己才能看见的东西……

两个弟妹还小，舒尔茨必须快快长大。他很小就开始挣钱，12 岁时他干过骑车送报的差事，后来又为小快餐店打工。16 岁在纽约曼哈顿的成衣区找到了一份可以放学后去干的活，为一个皮衣生产商拉拽动物的皮。他曾经在一家运动鞋店里度过一个炎热的夏天，在编织工厂里用蒸汽处理过纱线。

上世纪 60 年代的美国充满生机，所有人都认为只要努力就能得到报偿。母亲总是教育舒尔茨“社会是公平的”。她是个聪明、有见识、做事有条理的人，只是有点武断，她一直是儿子强有力的榜样。她鼓励儿子把自己放在最困难的位置上：“你只要倾心倾力做好一件事，就一定能成功。”

贷款上了大学，毕业后舒尔茨成了施乐公司的推销员。他有足够的激情和动力，在 6 个月的时间里每天打 50 多个推销电话，在曼哈顿城从第 42 街跑到第 48 街，从东河跑到第 50 大道，一家一家敲开别人办公室的门。

电话推销对做生意是一个很好的训练，它教会舒尔茨即兴思考的能力。上门推销时那么多扇门砰地关上，你必须厚着脸皮，用最简洁的话，三言两语把产品最诱人的地方介绍清楚。这份活挺刺激，让舒尔茨把年轻的活力全发挥了出来，还能使他一直保持幽默感和冒险精神。他努力去竞争、比拼，尝试着成为最抢眼的佼佼者。他说：“我想赢！”

最后舒尔茨成功了，成为同行中最优秀的销售员，3 年来挣到了可观的佣金。

但是舒尔茨想做更具挑战性的事。他去了一家新进入美国的瑞典厨房塑料用品公司，帮助他们开拓北卡罗莱纳州的市场。仅仅干了10个月，舒尔茨发现自己不喜欢这些硬邦邦的塑料，于是提出辞职。瑞典公司不但让他回纽约，还委任他为美国公司总经理全权负责市场运作，管理20多个独立的销售代表，年薪7.5万美元，给车，给一个开销账户和随意支配差旅的权限。舒尔茨不得不留了下来，然后很快把产品打入了高端零售商场。

这样干了3年，他干得挺来劲。到28岁时，他已小有成就。

他已经远远超出了父母的期盼，但是他感到自己好像老是“在惦记着什么”，他总想折腾，想“下一步”。这时候，舒尔茨发现了一个新产品——星巴克，咖啡。他一下被它神奇的魔力吸引住了。

一块闪闪发光的珍宝

1981年，在为瑞典公司忙活的同时，他注意到一个奇怪的现象：西雅图一个叫星巴克的小小咖啡零售商向公司订购了大批咖啡研磨机，数量甚至超过了纽约的大型百货连锁商场。这是怎么回事？

舒尔茨对女朋友雪莉说：“我要到西雅图去看一看。”

一个晴朗的春日他来到美国西海岸边的西雅图，这个充满质朴气息的城市让人放松。最老的星巴克店藏在一个农贸市场深处，有人在门口用小提琴演奏莫扎特的曲子，琴盒敞开着接受馈赠。推门的瞬间，一股浓郁的咖啡香味飘逸而出。舒尔茨走进去，看见了一个古色古香的咖啡的殿堂，磨损的柜台后面立着一罐罐来自苏门答腊、埃塞俄比亚、哥斯达黎加等世界各地的咖啡豆；在另一面墙上，陈列着自己替瑞典公司销售的几种咖啡机。

这个店卖咖啡机和烘焙得发黑的咖啡豆，人们拿回家自己研磨煮制。

一边与老板们交谈着，舒尔茨一边微微啜了一小口主人专门为他煮的咖啡。哇！他把头向后一倾，眼睛睁得大大的——他尝到了一生中最浓烈的咖啡。看到他的反应，星巴克的人都笑了："是不是太浓了？"他咧嘴一笑，摇摇头："太诱人了！"喝完第三口，舒尔茨完全上瘾了。

他突然觉得自己发现了新大陆。相比之下，自己以前喝过的咖啡都像是在灌咖啡水！

接着来到星巴克的咖啡豆烘焙厂，一个扎着红头巾的烘焙师高兴地向舒尔茨挥手致意。烘焙师从机器里抽出一个称之为"试勺"的金属大勺，检视着里面的咖啡豆，嗅了嗅，又插回去。他解释说这是在检查色泽和听声音，听听咖啡豆是不是噗噗的爆了两次。突然一阵噗噗噗的闷响，烘焙师立即打开机器，将里面热烘烘、暗黑发亮的咖啡豆倒出来凉着——一股更浓郁的香气立刻把所有人都裹住了。

舒尔茨感觉自己已经融入了这个混合着高雅和质朴气息的小店。通过交谈，舒尔茨了解到杰瑞·鲍德温、戈登·鲍克和塞伍·西吉尔三个人在10年前就创立了星巴克，到现在虽只有4家店，不过一直在赚钱。舒尔茨很惊奇，这几个人为什么如此迷醉于这项事业，却没有一个人想把企业做大做强？

这几个都喜欢音乐、写作、美食、酿酒，有着浓浓艺术家气质的人创办星巴克，只有一个理由：热爱咖啡。

在美国所有其他地方充斥着添加了化学香料的劣质咖啡水的年代，星巴克的创始人们只想在西雅图保持最纯正的、本质的咖啡。他们是纯咖啡主义者，服务于一小群与他们一样对咖啡有鉴赏力的人，不希望把生意做到这个圈子以外的人群中去，否则，就会迷失自己。“因此我们除了提供最优质的咖啡，没法把生意做到最大化。”舒尔茨终于明白，原来自己销售的咖啡机受这个店欢迎，是因为它是人工的，更符合咖啡古老的传统和精神。

这种细分出来的奇异的市场定位、销售方法，让舒尔茨感到非常新鲜，它本身就像星巴克咖啡一样是生活所追求的一种味道。他发现，这里面有自己从未接触到过的商业哲学：首先，每个公司都必须代表某样东西。星巴克代表的不仅是优质咖啡，而且代表着创办者们陶醉其中的烘焙至黑的深加工法。其次，你不能仅仅向顾客提供他们想要的东西。如果你能给予某种大大超乎他们经验的东西或感受，那么就能给他们带来全新发现的兴奋感，他们就将成为你的忠实顾客。

此后多年，舒尔茨秉承着星巴克这始终如一的原则：可以创新，可以重新发掘企业的全部潜在价值，但星巴克优质咖啡，以及其新鲜烘焙原颗咖啡的原则永远不变。这是星巴克的精神遗产。

刚一接触到星巴克，舒尔茨就完全被迷住了。在他面前呈现的是一种全新的文化形态，里面有巨大的空间可以探索。他激动地给雪莉打电话：“我在上帝的国度！”

这是他的麦加，他已抵达。

在返回纽约的飞机上，舒尔茨片刻不停地在想着星巴克。它就像一块闪闪发光的珍宝。他喝了一口寡淡无味的航空咖啡，马上就倒掉了。他的手在手提箱里摸索着，摸出一袋星巴克赠送的苏门答腊咖啡豆，深深地嗅了一下。他决定，辞职，到星巴克去。

意大利咖啡就像一支咏叹调

“你觉得我和星巴克有没有合作的可能?”舒尔茨问当时星巴克的总裁鲍德温。

他告诉鲍德温，他可以让只有4家店的星巴克迅速壮大起来，超越西北地区，甚至会成为全美性的大公司，还会有几百家店。星巴克的名字会成为优质咖啡的代名词——这个名牌将成为世界级水平的保证。

鲍德温等人对这个强势的纽约人隐隐感到不安，担心他带来的变化太大会动摇星巴克的核心价值。但最终舒尔茨还是成为了星巴克的市场经理。他和雪莉兴奋地从纽约迁到了西雅图，全身心地投入了新的事业。

1983年的一天，他被派到意大利米兰去参加一个国际家居用品展。

——谁也不可能料到，舒尔茨从意大利回来之后，会让星巴克，甚至让所有美国人喝咖啡的习惯在短短四五年内发生根本变化。一切就这样开始了。

一天早晨，舒尔茨刚出宾馆，就留意到旁边有一处小小的浓缩咖啡吧，他走了进去。店员的微笑和招呼让他感到亲切自然，他发现意大利的店和星巴克不一样，他们只向客人出售现做的新鲜咖啡。他看见咖啡师傅一边磨咖啡豆、压进浓缩咖啡、蒸牛奶、递给顾客，一边友善地与顾客聊天。一连串灵巧而优美的动作就像是同步完成的，真是一出了不起的戏剧。

“浓缩咖啡?”师傅微笑着将一杯刚做好的咖啡递了过来，

舒尔茨无法拒绝。

穿过一条岔路时，舒尔茨又发现了一家更小的店。他注意到柜台后面头发花白的老者和每一位顾客打招呼时都叫出了他们的名字。他似乎既是老板又是伙计，他和他们一起笑着，聊着各种有趣的事，享受着这一刻的美好时光。

再走了几个街区，又看到两家浓缩咖啡吧。舒尔茨被咖啡的平民情怀完全吸引住了。

就在那一天，他发现了意大利咖啡吧的仪式感和浪漫风情。他看到它们是如此普及，如此美好生动。每一家都有自己的特色，而那个咖啡大师傅，总是用特别的天赋进行着完美的操作。当时，意大利有20万家咖啡店，仅米兰一地就有1500家，几乎每一条街道拐角处都有一家，所有的咖啡吧都很受欢迎。

早上，到处是熙熙攘攘的人群，到处都在供应着一杯杯精纯的浓缩咖啡。你的周围是优美的音乐、意大利歌剧，夹杂着咖啡吧里新老朋友互致问候的声音。这些咖啡吧提供的是一个舒适的、社区的、从家庭扩展出去的空间。下午，母亲带着孩子们来了，退休的老人们也悠然地加入进来。更晚些时候，咖啡吧把一张张小桌子摆到了人行道上，开始供应一些小吃，成了邻里朋友日常聚集的地方，一直到夜深。

看着这一切，舒尔茨完全陶醉了。他发现意大利制作出一杯杯美妙咖啡的大师傅会被顾客视为艺术家而受到尊重；而在美国人眼里，那只不过是一个说不上有什么技艺的劳作者。看着这一切，舒尔茨心里产生了一种革命性的念头：星巴克错失的正是这一点——完全错失了。他觉得，这才具有强大的吸引力，这是一种纽带关系，把喜欢咖啡的人聚集在一起并不一定非得在家里做和喝，他们在这儿也可以磨咖啡、蒸煮咖啡、喝咖啡，一起聊天。意大利人懂得人际关系可以用咖啡来联结，这是社会生活的一方面。

就像一道闪电直穿心灵，舒尔茨全身都震颤了！

他几乎不相信星巴克是在做咖啡生意了，它忽略了咖啡事业的核心意义。星巴克过于小众和自闭，只是像杂货铺那样向顾客出售一袋袋咖啡豆产品，以供他们居家消费。星巴克离咖啡的精神和灵魂还差了一大截——而这真正的咖啡精神已经存在好几个世纪了。

那天在米兰的露天广场，舒尔茨并没有预见到星巴克日后的成功，但他感受到了一种难以言表的浪漫情怀和社区情结的召唤。

他决心从本质上改变星巴克。

从旧的星巴克到新的星巴克

星巴克的市场定位是小众高雅人士，阳春白雪。

意大利浓缩咖啡市场定位是大众街坊邻居，下里巴人。服务于两种完全不同人群的不同核心价值，不可能融合在一起。不过一开始舒尔茨却试图这样做。

舒尔茨回到美国，热切地向星巴克的人灌输意大利的咖啡精神，并倡导建立一种新的企业机制改变美国人喝咖啡的方式。这时他遭到星巴克高层的抵制。“星巴克是一个零售商，不是餐馆或酒吧。”鲍德温等人不屑地说，“星巴克虽小，但很紧凑，很私密，而且每年有盈余。干吗要自己往船上装石头呢？”

通常公司的中层经理们会是大胆、冒险的激进计划的狂热鼓吹者，但一般来说 CEO 为了自己政策的连续性总是持保守态度。鲍德温的不赞同，让舒尔茨感到郁闷。最后星巴克第6家店开张时，鲍德温终于经不住舒尔茨的游说，同意尝试把它开成一家浓缩咖啡吧。

1984年4月的一天，这家在西雅图市场中心的咖啡吧开张了。

开业第一天有400人迈进了门槛——远远高于星巴克最好的零售店250名的平均数。一个又一个星期过去，生意节节上升。两个月内店里的日均客流量超过800人，咖啡大师傅们做咖啡的速度快跟不上了，排队的人群一直延伸到门外的人行道上。每次舒尔茨去店里，顾客都会过来急切地要与他分享他们对咖啡的热情，完全是一片叫好声。

这个店终于成了人们聚会休息的场所。舒尔茨成功了。

一个念头在舒尔茨心中已经非常清晰：星巴克已进入了另一个领域，不可能再折回去了。

他兴奋地认为自己会因为成功而得到鲍德温的支持，但是他的幻想又一次破灭了。事实上鲍德温对咖啡吧的成功感觉并不好，浓缩咖啡是对星巴克销售优质咖啡豆事业核心价值的扭曲，这会让星巴克迷失方向。从企业聚焦的要求而言，鲍德温的坚持无可非议。最后他说："我很抱歉，霍华德，我们不能这么干，你得明白这一点。"

最终舒尔茨不得不决心离开星巴克，去开创自己的公司。

为了心中的理想，他和雪莉从繁华的纽约来到偏远的西雅图，梦想尚未实现，又将失去工作。究竟该不该离开？舒尔茨想了很久，终于给自己找到一个理由：如何去识别一个有天赋而已经表现出来的人，和一个更有天赋却还没有机会表现出来的人呢？瞧瞧那些列在候补名单上的志向高远的演员们吧，他们许多人并不比明星罗伯特·德尼罗或是苏珊·萨兰登缺少天赋。

他终于明白，自己不能被埋没。

接下来发生的是一个典型的美国故事：一个充满活力的人发现一个伟大的创意，用它来吸引投资，然后开办一家持续赢利的企业。舒尔茨没有钱，他要办公司只有用“将意式咖啡移植到美国的创意”去说服有钱人投资做股东。但是他很快发现自己完全是一条夹着尾巴的狗！你期盼的人把你狠狠关在门外，他们用怀疑的眼光看着你，把你的底气全都抽光，给你一千条可以想像出来的理由拒绝你。“那真是一段非常低贱的日子。”

“我们判断自己，是根据我们能够做到的事情；而别人判断我们，根据的却是我们已经做成的事情。”美国诗人华兹华斯的这句话，让舒尔茨明白了怎么样对待心中的理想和外界的评判。他知道不管怎样，自己一定要相信自己。

在筹集资金的那几年里，舒尔茨游说过 242 个人，其中 217 人说“不”！但还是有 25 个人把钱投给了舒尔茨。他们相信他。他最终筹到 165 万美元，问题都可以解决了。

就在舒尔茨为资金四处穿梭的过程中，他团结了一批懂咖啡经营的商人和律师，其中有比尔·盖茨的父亲老比尔·盖茨，这位资深律师和西雅图著名的高个子成了舒尔茨的顾问。更多的咖啡商人成了舒尔茨理想的追随者。1986 年 4 月 8 日，舒尔茨的第一家店开张，生意上路。10 月份开了第二家店。不久有了第三家店。到 1987 年，每个店的销售额都达到了年均 50 多万美元。虽然还在继续烧钱，但对于他们雄心勃勃的目标而言，他们已经上路了。

1987 年 3 月，不期而遇的变数改变了舒尔茨的生活。鲍德温等人有了另外的想法，打算把星巴克卖掉。对于舒尔茨，这仿佛是神灵的召唤。他立即融到了400万美元。

1987年8月的一个周五，舒尔茨在律师楼里签署完大堆文件之后，一个人从人群中走了出来。他来到街上，看见阳光落在一些孩子欢快的笑脸上。现在，他很清楚，星巴克是自己的了。

找到心灵的栖息地

1987年8月18日，新的星巴克诞生了。

舒尔茨再次穿过老式的咖啡烘焙工厂的门前，而这次是作为一个拥有者和CEO。无数老员工微笑着与他拥抱，仿佛欢迎他回到久别的家。他径直走向烘焙机，把手插进温热的、芳香的咖啡豆里，抓起一把来，摊在手掌上仔细瞧着。他突然觉得，触摸咖啡豆会提醒他注意所有关于星巴克的现实问题，后来这成了他的日常习惯。

这一天他召集所有员工开了一个大会。他再次为自己的理想兴奋起来："我们的目标，是建立一家全国性的公司——我们所有人将来都会为它的价值和行为准则而骄傲的公司。5年后，我要你们回忆起今天时，能够骄傲地说'我一开始就在那儿，我参与了把这个公司建成一个伟大企业的过程'。"

想要建立一个伟大的企业，你就必须有勇气去做伟大的梦。

在他们伟大的梦想支撑下，星巴克快速向前冲。1987年，在芝加哥开了第一家远离西雅图的浓缩咖啡店，然后圈定从芝加哥到沿太平洋的西北部地区扩张版图，从波特兰，穿过西雅图，直抵温哥华。策略是先在某一处立住脚，在当地造成强势效应，然后向另一处扩张。开店的数量，则在11家店的基础上，1988 年开出 15 家店，1989 年 20 家店，1990 年 30 家店，1991 年 32 家店，1992 年 53 家店——所有的店都是公司所有。每当他们实现了一个大的梦想，就盘算着做更大的梦。

舒尔茨此时很乐意把自己看做一个有远见的人。他承认，顾客对这种特种风味咖啡市场响应的热烈，超出了他原先的想像。过去没人会相信浓缩咖啡会走下圣坛，变成如此大众化的被广泛接受的饮料；没人预见到，咖啡吧和咖啡贩卖车会出现在美国的大街小巷和办公大楼的大厅，而且数量逐月增加；没人想像过甚至快餐店、煤气站和便利店也会挂出“浓缩咖啡”的招牌以招徕顾客！

短短三四年，这样的浓缩咖啡就成了整个美国社会生活的一部分。一种零售模式的全新创意，通过一整套体系化的构建而全面创造了历史——“星巴克”已成为一种新的社会现象。

不过舒尔茨一直在暗自思忖：为什么那么多顾客愿意排很长的队来买星巴克的咖啡？为什么有那么多人手上拿着外卖咖啡往回走？

随着时间推移，他们意识到星巴克无意中具备了一种更为深沉的浪漫情怀，也给予了人们一种与咖啡同样有吸引力的氛围，那是一种“第三空间”——（1）在这里可以品尝浪漫。人们在日常生活中每天来星巴克店里小憩片刻，只要叫上一杯咖啡，你就能享受到异国情调，为平凡的生活增添几许浪漫。（2）大众支付得起的奢侈。在店里，你也许会看见一个普通蓝领工人和一个富有的外科医生同时站在一起排队。两人享受着同一种世界一流的产品。（3）一个绿洲。向你提供片刻的宁静，把你的思绪引向自身。星巴克的人对你微笑，迅速为你提供服务，却不会来打扰你。你可以从百事缠身、精疲力竭的状态中暂时得以解脱。（4）悠闲的社交互动。一家广告公司曾在洛杉矶一处闹市做了一项民意调查。众口赞誉的一点是："我们去星巴克是出于交流感情的需要。"

在美国，人们已经处于失去人际交流的危险之中，而对于许多欧洲人来说，这种交流则是渊源于文化传统的日常生活的一部分。人们需要有一处不受骚扰的聚会地点，一个工作和家庭之外的"第三空间"——那是一种心灵的栖所。

看到物质和心灵的未来

有时亏钱是必须的。就年轻的创业公司而言，正是充满希望的时候，亏钱可能是成长曲线中超前投资的健康表象。如果你急于快速增长，你就需要奠定一个比你想像中规模更大的企业的基础结构。

没有人能在两层楼房的地基上矗立起一幢百层高楼。

事实上星巴克正是这样走过来的。1987 年亏了 33 万美元，1988 年亏损翻了一番，1989 年不可思议地亏损 1200 万美元，1990 年，星巴克迅速转为赢利。这正是投资效果从量变到质变的过程。虽然舒尔茨等人明白这是投资未来的必然曲线，但他们的许多日子都在忐忑不安中度过。

1988 年的某一天晚上，舒尔茨拿到刚计算出的月度报表，亏损额超过预期的 4 倍！坐在桌边，看着面前的财务报表，舒尔茨真是惊呆了。"怎么会这样？"

几天后召开的董事会上局面相当紧张。"事情都弄糟了"，一位股东说，"我们必须改变策略"。当时星巴克只有 20 家店，一些股东认为计划过于冒进。压力很大，舒尔茨必须说明亏损的原因，必须证明这些亏损对于星巴克的投资策略是必要的，钱并不是都扔进了阴沟里。

虽说舒尔茨的内心也在经受煎熬，但他必须唤起自己的每一份信心，以找回其他人的信心。他尽量使自己的声音保持镇定，对董事会说，“是这样，我们在做到三件事之前还会有亏损：一是必须超前组建一支适应企业扩张需要的管理团队；二是建立一套世界级水平的烘焙设备；三是我们的电脑信息系统必须足以支持成千上万家店面的发展需要。这些都需要提前支付。”

“我们的投资必须走在成长曲线的前面。”这句话几乎成了舒尔茨每个季度都要重复一番的祈祷文。

幸运的是，董事会和股东表现出非常了不起的耐心来支持他的计划。

幸运的是，开店的速度几乎是每年翻一番，星巴克的年收益递增达到了80%。

财力的投入必须超前。“同时要看到心灵的未来。”对于人，或者是对于人的心灵，星巴克也进行了超乎寻常的投入。

一个颇具讽刺意味的事实是，零售业和餐饮业的兴衰成败很大程度上取决于它服务顾客的水平，而这些企业雇员的收入却是最低的，而且福利也最差。在这些企业中，雇员不仅是公司的脉搏和灵魂，也代表着公司的形象。

从一开始管理星巴克，舒尔茨就要使它成为每一个人都愿意为它效力的公司。他有一个最基本的认识：把员工看做自己的家人，他们会对公司报以忠诚，付出他们的一切。设身处地为员工着想，员工就会为你着想。这是一种古老的企业组合方式，对于许多家庭作坊式的公司来说，这几乎就是第二天性。

当时在这一点上，许多以服务为主的企业却正好持相反的观点，他们以削减新手的福利待遇来压缩经营成本。舒尔茨看来，这正是让星巴克变得更优秀的机会。

他决定向董事会建议，将医疗保险覆盖那些一周做24小时的兼职人员。

当他第一次提出这个计划时，星巴克的高层都表示怀疑。“你，就这么点钱，怎么可以对雇员如此奢侈?”但他激动地反驳说，这样做自有道理：

“我承认，表面上看来，这样成本是加大了，但如果能减少人员流动性，我们就可以节省培训和招聘的开支。每招雇一个新的零售员工，星巴克至少要为他提供24小时的培训，我们每雇一个人就意味着一笔不小的开支。一个全职雇员的全年福利只是1500美元，而培训一个新员工的费用一年则要3000美元。许多零售业都有意无意地鼓励人员流动，据信这样可以维持一种低工资、低福利营运成本。然而，高度的流动性反过来也会影响顾客的忠诚度。我们有些顾客来得非常频繁，以至他们一进门，咖啡师傅就知道他们要喝什么。如果这个咖啡师傅离开了，企业与顾客间的坚实纽带也就断了。”

他说，兼职人员对于星巴克非常重要，事实上，他们代表了2/3的员工。“他们代表着大多数员工的需求。”

董事会通过了，1988年星巴克开始为所有的兼职人员支付全额健康福利费用。星巴克是全世界惟一一家这么做的自募资金公司——后来，也是惟一的一家这样做的公开上市公司。

“这是我们曾经作出过的最好的决定。”舒尔茨说。

星巴克的这份投资，很快得到了巨大的回报。他们吸引了好的员工，并使他们留得长久些。更重要的是，人们的精神面貌发生了很大变化。当公司对雇员作出慷慨的表示后，他们就会在自己所做的每件事情上都表现得更加尽职尽责。

星巴克离伟大有多远

1990年10月，舒尔茨可以向董事会报告说，这是第一个赢利的年份了。他大舒一口气，他现在可以考虑一项对星巴克将产生长期影响的更具深层意义的行动了。

他在考虑“豆股票”（Bean Stock）。这是他们给自己的股票期权计划起的名字。由于这个计划的推行，他们把星巴克所有的雇员都变成了合伙人。

舒尔茨想找到一种方法，在星巴克事业成功的同时，也能让员工分享资金运作的赢利。他决定采取一个大胆的创新举动。虽然还只是一家自募资金的公司，但这并不妨碍在全公司范围内向每一个员工赠与企业股票，从最高的领导层到咖啡师傅，以基本工资为基数按比例分割。事实上，这是给员工机会去创造自身的价值。

1991年5月，公司高层把计划提交董事会。

对于反对意见，舒尔茨这样说服他们：向员工赠股必然使公司获得强大的后援支撑，这样做有利于促进销售和利润增长。投资者的股份比例也许相对缩小了，但他们名下的股值却肯定会增长得更快。他告诉他们，如果能把每一个雇员都结合到一个整体中来，那么他们就会以CEO同样的态度来对待公司。

最后董事会和舒尔茨一样兴奋地、一致通过了豆股票计划。

就当时的舒尔茨所知，没有哪家公司实行过像豆股票这样的计划——涵盖面如此之广，又如此果敢超前。想想看，向700多名员工赠送股票！这是一项多么伟大的、激动人心的举措。甚至在今天，放眼找去，特别是做零售的公司，都没有向全体雇员赠送股票这回事儿。

1991年8月，星巴克向雇员推出了这项计划，舒尔茨告诉大家“这是我长久以来的一个念念不忘的梦想”。每个雇员都领到一个系着蓝丝带的小包，里面有一本详细解释豆股票方案的小册子。然后用苹果香槟和小饼干庆祝大家都成为“成长中的合伙人”。

从那一天开始，星巴克停止使用“雇员”这个词。现在他们把公司所有的人都称作“合伙人”，凡是为公司工作6个月以上者，都是合法的股权持有者。甚至兼职人员，只要每周工作不少于20小时，也有同等权利。

第一次股票赠与是在1991年10月1日，也就是在有财务收入的第一年接近年末的时候。每个合伙人都可以获得他的年基本收入12%的股票期权，如果局面利好，比例则为14%。只要股票上涨，股票期权就越来越值钱。1991年一年挣20000美元的合伙人，5年后他们的股票期权，便可以兑换现金50000美元以上。

在豆股票还未来得及证明它的任何财富价值时，它对人们的职业态度和工作方法的影响就立竿见影了。舒尔茨注意到人们想方设法为公司节省开支，比如，有人乘坐周六夜间的红眼航班出差以节省机票钱，他们会说“我是有豆股票的”。大家琢磨着搞革新，降低费用，扩大销售和创造价值。作为一个公司合伙人，他们从心底里热情对待顾客。

这一来，公司成员都在不断寻找创造价值和利润的方法。如何评估重视员工意见和与他们共同拥有一家公司这种做法的关系呢？你没法评估，然而，这里边的深刻性超过了舒尔茨的想像。有个叫马丁·舒奈西的合伙人，对此感到非常惊奇和激动。几个月后，他走进舒尔茨的办公室对他说“我们需要一个有奉献精神的专职经理”——事实上，他是要舒尔茨提他为领班。舒尔茨叫他把自己的建议写下来，然后去对业务主管们演示自己的想法。他照此要求做了，6个月之后，星巴克就采用了他的建议。

1992年上半年的一天，这个合伙人走进人力资源部，带来一封信，上面有仓库和工厂大多数工人的签名，信上的意思是说他们不再要求工会代表他们的利益了。“你们让我们共同掌管这个企业”，他说，“无论有什么投诉，你们都会解决。你们信任我们，现在我们也信任你们。”

再没有什么比赢得人心更重要了。

有一桩事使舒尔茨深受触动，一个合伙人在1994年买了第一幢房子，还带有一个“超大的花园”。她1989年进入公司，条件很差，一直和她姐姐住在一起，根本不敢想像有自己的房子。现在她确实买下自己的房子了，她靠兑现的一些早期星巴克股票期权，付下了10000美元的首付定金。

诸如此类的消息，舒尔茨常常能听到。每次听到他都会很开心。比如马丁·舒奈西卖出豆股票买了最新款的哈雷摩托车，谁谁谁买了度假屋，谁谁谁买了古董车。也有的合伙人将手里的股票兑现后带着一家人去看丈夫的亲戚——那家人她还从未见过面呢。还有人把股票兑现后支付了大学学费。听到这些故事，舒尔茨更明确了他们所做的一切努力和星巴克的真正意义所在——那已经远远超越了买进原料和烘焙咖啡来满足顾客的需求。

如果你把自己的员工视为一辆汽车上可拆卸的零部件，他们也会以同样的眼光来看待你。但他们不是零部件，他们每一个人都是一个独立的个体，既需要自我价值的肯定，也需要用经济手段来养家糊口。

星巴克发展得越大，某些部门的某些雇员该得而未得到尊重的可能性就会越大。“如果我们不注意这个问题，我们就会面临比任何财政问题都要严重得多的问题。说到底，星巴克如果没有我们雇员的投入和热诚，要赢得源源不断的客流是不可能的。在企业经营中，这种激情来自于拥有感、信任感和忠诚感。如果你削弱其中任何一项，雇员就会把他们的工作仅仅视为一种谋生手段而已。

“有时候，我们会丢失这种远见。但我心里明白，如果我们仅把员工视为生产线上的零部件，视为成本中的一项开支，我们就不可能实现自己的目标和价值。他们的激情和贡献是我们的第一竞争优势。失去了这个，我们就会满盘皆输。”

舒尔茨经常想，真希望星巴克是父亲曾经工作过的公司，这样他就不至于穷得连尊严都失去，他本该得到良好的健康福利保险和股票期权，生活在良好的气氛中。

但是显然不可能，父亲早已在贫病中去世多年……

尾　声

1992年6月26日，星巴克在纳斯达克公开上市。

今天，霍华德·舒尔茨创立的这家新型美国公司，被认为是20年来最有活力的新品牌和零售商。2004年营业额40亿美元，早已是全球最大的咖啡零售商、咖啡加工商和咖啡邮购商。

霍华德·舒尔茨倡导的咖啡精神，已成为全球文化。

咖啡吧，在清醒中悠闲

“我不在家，就在咖啡馆，不在咖啡馆，就在去咖啡馆的路上。”这是咖啡文化的经典写照。大多数白领对咖啡的热爱则源于一种越来越清醒的认识：我们正生活在一辆叫做“疲于奔命”号的生活列车上，而喝咖啡既可以优雅地释放“压力”，又为人们找到了一个合适的借口彼此交换信息，在这种热爱的背后潜伏的是对悠闲的认同，是对现代生活的小小反叛。

咖啡馆在法国

法国有句谚语：“unjoursansfromage，c’estunjoursanssoleil.”意思是说，对法国人而言，如果哪天少了奶酪，那天就没了阳光。而我却觉得，如果哪天他们的生活里少了咖啡，那他们一定会比没了阳光和奶酪还要无精打采。法国人的日常生活离不开咖啡。咖啡对他们来说不只是一种饮品，它隐含着丰富的文化内涵。遍布城市与乡村的咖啡馆是法国生活方式的一种标志。

如果有一天你去法国观光旅行，在五光十色、车水马龙的香榭丽舍大道，蔚蓝色的地中海岸，或外省清静冷僻的街道，看到那些或富丽堂皇，或古朴雅致，或斑驳简陋的咖啡馆，建议你不妨进去坐一下，感受一下那里的环境和氛围。法国人曾对外国游客作过一个调查，被问及巴黎最吸引人的东西是什么时，许多人的回答不是卢浮宫、埃菲尔铁塔等脍炙人口的名胜，而是散落在巴黎大街小巷的咖啡馆。有人曾把咖啡馆比做法国的骨架，说如果拆了它们，法国就会散架。徐志摩也说过，“如果巴黎少了咖啡馆，恐怕会变得一无可爱。”

法国人的血管中流淌着拉丁民族热烈奔放的血液，他们热衷于高谈阔论，张扬自我。中世纪封建王朝年代，法国宫廷是法国政治文化生活的中心，上流社会的沙龙一直引领着法国的大众文化和生活时尚。皇宫贵族轻松优雅、浪漫多彩的生活方式影响了大众的生活情趣。咖啡馆在百姓，尤其是知识分子的社交生活中传承的是贵族沙龙的某些交际功能。

法国人去咖啡馆不单单是为了喝咖啡，他们更多的是去那里放松身心。普通百姓喜欢凑热闹、聚会或聚餐，哪里人多就喜欢去哪里。无怪乎在法国的普通餐馆中，服务生大多会把第一批客人安排在靠窗的桌边，然后点上一支小蜡烛。夜色降临时分，外边的客人会不由自主地被餐厅内摇曳的烛光、隐约的人影所吸引，去分享厅内温馨的空气。

不论你是一个学问深邃的哲学家，还是失意文人，潦倒的艺术家，下课放学的学生，只要要一杯热咖啡或其他饮料，你就可以在那里放松自己。当然，邀上几个朋友、同事或同学坐在那里谈天说地，交流思想，讨论功课，书写作业也无不可。一些孤独落寞的人，常会来此消磨难耐的时光，寻找心灵的慰藉。法国人崇尚的自由、平等、博爱常被浓缩在这不足百米见方的咖啡馆中。

塞纳河蜿蜒穿过巴黎市中心，河右岸是繁华的金融贸易消费区，左岸是人文荟萃、文化积淀深厚的拉丁区，那里集中了众多的咖啡馆、书店、画廊、美术馆和博物馆。

蒙巴纳斯大街、圣日耳曼大街和圣米歇尔大街上的咖啡馆在20世纪初达到了空前的繁荣，它们是全世界作家和艺术家心目中的圣地和精神家园。毕加索、海明威、左拉、凡·高、乔伊斯、弗洛伊德都曾在这里编织他们的梦想，度过他们的年轻时代。那些尚未成名，来自不同国家的贫困画家和作者会在温暖的咖啡馆中从早晨一直聊到黑夜，他们交谈切磋，相互影响，思想和激情常常碰撞出灿烂的艺术火花，创作出不同凡响的艺术作品。毕加索刚到法国时，囊中羞涩，靠那些尚不值钱的画作换取在咖啡馆的食宿。那善良的老板怎么也料想不到，他给予画家的人情关怀，日后竟会得到如此丰厚的回报。海明威说过："如果你有幸在年轻时去巴黎，那么以后不管你到哪里去，它都会跟着你一生一世。巴黎就是一场流动的盛宴。"

蒙巴纳斯街上的丁香咖啡馆(cafédegirode)是美国作家米勒、海明威，爱尔兰作家乔伊斯和西班牙画家毕加索经常光顾的地方。时值今日，那里还保留着海明威经常坐的椅子，椅背上的铜牌镌刻着他的名字。丁香咖啡馆有一道招牌菜，叫做"海明威胡椒牛排"。许多美国观光客游览巴黎，总是少不了要去那里坐坐。

圣日耳曼教堂对面的花神咖啡馆(cafédeFlore)和它隔壁的双偶咖啡馆(lesdeuxmagors)是存在主义大师萨特和波伏娃日常讨论和写作的地方。正是坐在花神咖啡馆临街的窗口，波伏娃给她的美国情人奥尔格伦写下了那些热烈的情书。

普洛可甫(Leprocope)咖啡馆是巴黎第一家开张的咖啡馆。时光逝去300年，它仍然保留着其古朴典雅的传统装饰。18世纪欧洲启蒙运动思想家伏尔泰、卢梭、世界第一部百科全书的作者狄德罗曾在这里写下了影响欧美革命和社会发展进程的著作。法国大革命三巨头罗伯斯庇尔、丹东和马拉也曾在此同其他革命者畅谈变革社会的理想，描绘自己心目中的蓝图。这些光辉灿烂的名字常能使我们在交错的时空中多多少少追寻到流逝岁月的踪迹。

轻松随意、不拘一格的咖啡馆也会让我们一扫旅途的疲惫，全身心地沉入法国式的优雅和浪漫。

Office 里的咖啡文化

大多数白领对咖啡的热爱则源于一种越来越清醒的认识：我们正生活在一辆叫做“疲于奔命”号的生活列车上，而喝咖啡既可以优雅地释放“压力”，又为人们找到了一个合适的借口彼此交换信息，在这种热爱的背后潜伏的是对悠闲的认同，是对Office 规整生活的小小反叛，也可算是 Office 咖啡文化吧。

西方的一些公司里，大多会为自己的职员和客户们供应免费的咖啡，讲究的公司里都要摆放几套高档的咖啡用具，比如精美的意大利咖啡壶、细腻的英国骨瓷咖啡杯等，这体现了一种企业文化的内涵。

向公司职员提供免费咖啡实际上是企业老板的一种人文关怀，显示出一种亲和力。但“世界上没有免费的午餐”，在西方有个说法，福利待遇越好的公司，管理就越发严格，职工的工作量就越大。在紧张的工作压力之下，喝上一杯咖啡，在公司的休息区内舒展一下酸懒的腰身，无疑是一种调剂和享受，这一点深谙调动员工积极性的老板们是早就想到的。免费咖啡可谓是“花小钱办大事”，最大限度地让员工发挥他们身体和精力上的潜能，为公司、为老板创造更多的效益，同时联络了劳资双方的感情，也促进了员工的团队观念，达到了互相协作的目的。

但凡体面些的 Office，总会备有两只闪亮的咖啡壶，咖啡是全天候免费供应的。稍微讲究些的，甚至还会专门有一间小小的咖啡厅供员工们休息时享用。在香港的凤凰卫视公司，就专为员工开辟一间“咖啡屋”。在这里，金属勺搅拌咖啡时所发出的丁丁当当的“悦耳音乐”便成为企业文化的一种。

无声办公的氛围加上透明玻璃间内 Boss 不断瞥出的目光都是一种无形的压力，“压”得人异常紧张。所以只要穿上那套制服，人就像是上了发条般时时刻刻地忙碌，而且还得在最短的时间内让人看到你的工作成效，因为在 Boss 的眼中，“效率”是衡量员工的第一标准。可以想像一下，在这样的工作环境中，当你面对着厚厚一摞待处理的文案愁眉不展时；当你刚刚碰了上司的“钉子”，心中怒气冲天却不能发作也不敢发作时；当你加了一个通宵的夜班，头昏脑胀可又不得不出席一个重要的会议时，一杯热气腾腾、香气四溢的咖啡无疑是最适宜的调节。如此花钱虽不多却人情味十足的“温柔政策”，员工们是十分买账的，于是“ 鞭打”的“痛”就不那么难以承受了。但凡 Office 集中的区域，咖啡厅的生意也肯定红火。

白领们喜欢在午时或下班后钻进咖啡厅“泡”。结伴的大都是同事，逃离了 Office，便可畅所欲言了。最痛快不过的是呷着醇香的咖啡骂“头儿”。只要你工作，你就少不了会有抱怨，而你的抱怨大多数来自于你的主管上司。那么你尽管放宽心骂个痛快，因为你的“头儿”这会儿才不在乎你的骂呢。此时此刻，没准儿他也在邻间的咖啡厅里骂着他的“头儿”呢！你也罢，你的头儿也罢，反正骂够了都还得回去老老实实地工作，除非你们有勇气去领那只大信封（炒鱿鱼）。

这骂“头儿”便成了白领们乐此不疲的“健身运动”。员工们骂着部门经理的同时或许还崇拜一下主管他们的副总裁；而部门经理们则骂着员工们崇拜的那个副总裁，间或也许会对董事长的某些决策赞叹一番……于是骂与被骂在几杯咖啡下肚之后便没有了什么实际意义。

除了宣泄，咖啡厅的另一个重大意义便是兼有“情报站”的功能。最近国际市场什么货最抢手？昨天哪个Boss高升或是辞职了？在哪个重要的会议上，老板是如何决定“第三特别计划”领导人的……来自于各个公司、各个部门、各个层次的信息在这里汇报、交流、碰撞着……而其间的有心人就在其中获取了合作的伙伴，升职的契机以及不期而遇的人民币。当然，还有可能获得的是瞬间火花后演绎出的各种各样的爱情故事……

没考证过喝咖啡是否会上瘾，但是大多数的白领对咖啡的热爱可谓是“酷”极了，那种优雅而娴熟地喝着咖啡的动作几乎成了全体白领族的“写真照”，咖啡在潜移默化中成了Office的附属品。也难怪，当人们越来越清晰地认识到自己生活在“疲于奔命”号列车上时，咖啡当仁不让地成了舒缓“压力”的最佳饮品，在这种荡着奶香、甘甜与苦涩的液体中，紧张工作和生活着的人们找到了一个合适的借口彼此交换着信息，彼此释放着忧怨，彼此汲取着温暖，从而获得了一种热情洋溢的生命情调，在这种情调的背后潜伏的是对自由不羁的认同，是对Office规整生活的反叛。

咖啡成了企业文化的标示和Office中舒爽的亮点。

JK·罗琳的咖啡馆写作

你可知道，英国著名魔幻小说《哈里·波特》的作者JK·罗琳是在爱丁堡的一家咖啡馆里开始了《哈里·波特》的创作？13年后，罗琳再次选择在咖啡馆里完成最后一本《哈里·波特》，惟一不同的是《哈里·波特》系列小说已经成为了畅销全球的科幻读物，JK·罗琳本人因此也拥有了超过5.4亿英镑的巨额资产。

最近，这位名冠天下的女作家在其个人网站上透露，为了完成最后一部《哈里·波特》，她再次回到咖啡馆找寻灵感并进行写作。

罗琳在自己的博客上曾经写过，“只要杰西卡睡了（罗琳的大女儿，现年13岁），我就会冲到附近的咖啡馆疯狂写作，夜夜如此。”在她最新的一篇博客文章里，她说，“我之所以很久没有更新过博客，主要是因为我正在快马加鞭地写最后的这部《哈里·波特》。”

“现在的我一方面觉得兴奋不已，另一方面又感觉疲惫不堪。对没经历过我所经历的人来说，可能很难理解吧！”“在最后的创作阶段里，我既想要完成，又不想要完成这部作品，但是请放心，我一定会写完的。”

罗琳还说，“这些年来，人们总是问我，是否在梦境中走入过哈里·波特的世界？”“答案是没有，但直到几天之前，我突然梦见自己既是讲故事的人，又是故事的主人公哈里。”“在梦里，我正在一个拥挤的大厅里寻找一个‘灵魂碎片’。但奇怪的是，梦中的我身边还环绕着很多身材高大的咖啡馆侍应生，忙碌地在大厅中穿梭。”

罗琳自嘲说，可能自己真的是咖啡喝得太多？

全球咖啡文化

作为世界上最早饮用咖啡和生产咖啡的地区，阿拉伯的咖啡文化就像它的咖啡历史一样古老而悠久。在阿拉伯地区，现在人们对于咖啡的饮用无论是从咖啡的品质，还是饮用方式、饮用环境和情调上，都还保留着古老而悠久的传统和讲究。在阿拉伯国家，如果一个人被邀请到别人家里去喝咖啡，这表示了主人最为诚挚的敬意，被邀请的客人要表示出发自内心的感激和回应。客人在来到主人家的时候，要做到谦恭有礼，在品尝咖啡的时候，除了要赞美咖啡的香醇之外，还要切记即使喝得满嘴都是咖啡渣，也不能喝水，因为那是表示客人对主人的咖啡不满意，会极大地伤害主人的自尊和盛情。阿拉伯人喝咖啡时很庄重，也很讲究品饮咖啡的礼仪和程式，他们有一套传统的喝咖啡形式，很像中国人和日本人的茶道。在喝咖啡之前要焚香，还要在品饮咖啡的地方撒放香料，然后是宾主一同欣赏咖啡的品质，从颜色到香味，仔细地研究一番，再把精美贵重的咖啡器皿摆出来赏玩，然后才开始烹煮香浓的咖啡。

南欧人及拉丁美洲市区的人们习惯在早上和下午或晚上各喝一杯咖啡。他们偏好深度烘培、半苦半甜且带着焦味的咖啡。最好是以 Espresso 机器所冲煮出的咖啡，一小杯暗黑、浓郁、上层浮着油沫、带着一点点的沉淀在杯底。早上，一小杯这样的咖啡和热牛奶混合在一个碗或大杯子中，喝咖啡的人以双手捧着碗或杯子，以咖啡的热度来温热他们的手掌或用鼻孔来感觉咖啡香，如果可能的话，他们甚至希望能跳入碗或杯中洗澡。在下午或晚上时，南欧人则偏好如同中东人所使用的小杯子（大约早上所使用的碗的 1/4），黑色、浓郁且苦中带甜的咖啡。

对北欧及欧洲大陆的人来说，一杯完美的咖啡和中东人的偏好大不相同。首先，所冲煮出的咖啡没有沉淀物；清淡而圆润；咖啡豆烘培成褐色而非黑色。冲煮的方式不外为滴式（即 Drip Coffee）或机器式（即 Espresso 意大利式咖啡）或由 Espresso 所变化出的各种花式咖啡——卡布奇诺、维也纳咖啡、法式牛奶咖啡……

在英语系国家中，人们习惯在咖啡中加入牛奶和糖，但由于他们所喝的咖啡比较清淡，所加入的牛奶和糖常影响、掩盖了咖啡的浓度和原味。喝咖啡的习惯于第二次世界大战时开始风行于北美地区，为降低喝咖啡的成本和配合随时的需求，美式咖啡通常整壶的煮好后放在保温盘上保温以应随时之需，且煮出的咖啡非常的淡。典型北美咖啡的饮用者把咖啡当成日常的饮料，整天喝着办公室咖啡壶中所倒出的咖啡，或者是在做家事时随时端着咖啡，他们不仅仅在用餐后喝，同时在一天的开始和中间休息都少不了咖啡。

在欧洲，咖啡文化可以说是一种很成熟的文化形式了，从咖啡进入这块大陆，到欧洲第一家咖啡馆的出现，咖啡文化以极其迅猛的速度发展着，显示了极为旺盛的生命活力。

在奥地利的维也纳，咖啡与音乐、华尔兹舞并称“维也纳三宝”，可见咖啡文化的意义深远。

在意大利有一句名言：“男人要像好咖啡，既强劲又充满热情！”把男人等同于咖啡，这是何等的非比寻常。

意大利人对咖啡情有独钟，咖啡已经成为他们生活中最基本和最重要的必需品了。在起床后，意大利人要做的第一件事就是马上煮上一杯咖啡。不论男女，几乎从早到晚咖啡杯不离手。

在法国，如果没有咖啡就像没有葡萄酒一样不可思议，简直可以说是世界的末日到了。据说历史上有一个时期，法国由于咖啡供应紧张而导致许多法国人整日无精打采，大大影响了这个国家正常的生活。1991 年“海湾战争”爆发，法国人担心战争会给日常生活带来影响，纷纷跑到超级市场抢购商品，当电视台的采访记者把摄像机对准抢购商品的民众时，镜头里显示的却是顾客们手中大量的咖啡和方糖，一时传为笑谈。

法国人喝咖啡讲究的不是咖啡本身的品质和味道，而注重饮用咖啡的环境和情调，表现出来的是优雅的情趣、浪漫的格调和诗情画意般的境界，就像卢浮宫中那些精美动人的艺术作品一般。

从咖啡传入法国的那一天开始，法国的文化艺术中就时时可见咖啡的影响和影子。17世纪开始，在法国，尤其是在法国的上流社会中，出现了许多因为品饮咖啡而形成的文化艺术沙龙。在这些沙龙中，文学家、艺术家和哲学家们在咖啡的振奋下，舒展着他们想像的翅膀，创造出无数的文艺精品，为世界留下了一批瑰丽的文化珍宝。

咖啡馆离中国人还有多远？

“我不在家，就在咖啡馆；不在咖啡馆就在去咖啡馆的路上。”这是一位维也纳艺术家的生活自白，也是大多数西方人的生活写照。而在中国，喝咖啡的风气，是在上世纪90年代以后才开始在都市白领阶层、知识分子、自由职业者之间兴起。在最近的两三年间，中国的咖啡消费者明显增长。有数据表明：目前中国的咖啡量正以每年10%的速度递增，有望成为世界上最具潜力的咖啡消费大国。国际咖啡业的龙头老大“雀巢咖啡”更是雄心勃勃地要把中国人手中握了几千年的茶杯换成咖啡杯。

拥有源远流长茶文化的中国人会接纳外来的咖啡吗？咖啡馆在中国能否像它们在西方国家那样成为人们日常生活中除了家和工作场所之外的第三个最佳去处？咖啡消费是否真的走进了中国人？来自零点指标数据网的一项最新研究结果表明：在目前的中国，只有一些高收入、高学历的年轻人会相对频繁地出入咖啡馆，受价格、东西方饮食文化上的差异以及口味上的不习惯等因素的制约，在目前的中国，咖啡馆离普通人的距离还是有点遥远。该项调查是针对北京、上海、广州三市842名18~60岁的当地居民利用SuperCATI快速电话调查系统进行的随机抽样电话访问。数据结果已根据各地实际人口规模进行加权处理,在95%的置信度下本次调查的抽样误差为±2.12%。

如果按照去咖啡馆消费的频率划分出“从不消费”、“偶尔消费”、“有时消费”和“经常消费”四种类型的咖啡消费者,调查结果显示:在京沪穗三地,有43.6%的人从来没去过咖啡馆,40.7%的人偶尔去,11.4%的人有时候去,经常去者仅占3.8%。

进一步分析表明:从来没去咖啡馆消费过的人主要集中在初中以下学历、个人月收入不足1000元、年龄45~60岁的中老年群体之中;偶尔去咖啡馆消费者主要分布在高中或大专学历、个人月收入在1000~3000元之间、年龄30~45岁之间的中年群体之中;时常去咖啡馆消费者主要集中在本科以上学历、个人月收入3000~5000元之间、年龄18~30岁的年轻群体之中。而经常去咖啡馆消费的,主要是一些月收入5000元以上的高收入人士。

在西方社会,咖啡馆遍布大街小巷,无论是在西装革履的金融区,还是在花花绿绿的黑人区,都可以看到它的踪影。如同茶之于中国人,咖啡是他们日常生活的必要组成部分。而在当前的中国社会,咖啡馆消费既是城市新兴阶层和西化生活的象征,更是经济实力的体现。以星巴克咖啡馆为例,在美国的星巴克店里,一杯咖啡最便宜的1.5美元左右,最贵的也只要4美元左右。而在中国的星巴克店里,一杯最便宜的咖啡也得12元,一般均在30~40元,相对于中国人的收入来说,这笔消费还是比较高昂的。由于咖啡是西方的舶来品,中国人普遍缺乏对咖啡文化的认识,说到咖啡,大多数人只知道苦的味道,了解稍多者也只不过能够从外形和花色上进行简单区分。而在西方社会，经过几百年历史的涤荡，咖啡中已经融入了深厚的历史与文化韵味，喝咖啡不仅仅是品尝一杯咖啡，更可以从中了解咖啡赋予的文化精神。西方人喝咖啡如同中国人喝茶，也能够分辨出咖啡豆的种类以及制作的方法，原料的烘焙深度以及咖啡的浓度也有相当的考究。价格比较高昂，口味上并不是特别习惯，并且缺乏对咖啡文化的深入理解，中国都市咖啡馆还主要是“双高一低”（高收入、高学历、低龄化）族的消费场所，咖啡馆消费离普通中国人的距离还是有点遥远。

本次调查还显示：提到咖啡馆，北京人首先想到星巴克；上海人也会首先想到星巴克，但是，星巴克在上海的地位远不如在北京那样遥遥领先，“上岛”对星巴克的垄断地位构成了一定的威胁；而在广州，绿茵阁的地位无人可比。另外，京沪穗三地居民中分别有 56.4%、45.1% 和 37.9% 者在提到咖啡馆时，头脑中没有特定的咖啡馆，这也在一定程度上佐证了咖啡馆离普通中国人距离有点遥远。

北京作为中国的政治和文化中心，上海作为中国的经济中心，吸引了许多国际人才及不少归国留学生。这些人在国外已经形成了喝咖啡的习惯，对咖啡文化有着相当的了解，咖啡已经成为他们生活中的一部分。“星巴克”在北京着重渲染一种崇尚知识，尊重人本位且带有一点“小资”情调的文化氛围。譬如光临星巴克京津两地咖啡馆的顾客，可以一边惬意地喝着咖啡，一边用随身携带的笔记本电脑浏览国际互联网——而且不需要电话线，笔记本成为星巴克的“咖啡伴侣”。星巴克诸如此类的为品牌文化加注的策略创新，不断地为其独有的“星巴克文化”注入活力。而在上海新天地的星巴克里，不同肤色的陌生人在不着边际地聊天，交际的自由、个性的自由、表达的自由飘散在苦香苦香的咖啡味里。不难理解为什么“星巴克”咖啡馆会在京沪两地受到人们的欢迎。而广州作为华南的经济中心,吸引的是国内、省内的精英人士,品流与北京、上海有所不同,在广州最具盛名的“绿茵阁”,叫卖的主流食品并不是咖啡,而是西餐。许多广州人甚至已经习惯了把它称作“西餐厅”,而忘记了它作为“咖啡厅”的本来面目。咖啡和西餐作为外来饮食文化的代表被凑合在一起,以咖啡厅的情调为外饰,以牛排和洋酒为内涵,共同出现在人们的视线中。有人把这种结合的形式归纳为“与本地饮食习惯的融合”,为什么这样说呢,原因是广州人“讲究饮食”,同时也强调外在环境,“咖啡 + 西餐”的经营模式正好迎合了广州人的这种心态。

零点指标数据网的该项调查还显示出:在京沪穗三地,人们出入咖啡馆的首要目的是结交朋友,然后是提神放松和消磨时间,真正为了品尝咖啡美味而去咖啡馆者并不多。在这次调查中,有 50.5% 者表示出入咖啡只是为了结交朋友,33.4% 者表示为了提神放松,真正奔着咖啡的美味而去咖啡馆者仅占 17.6%。不同性别的消费者在去咖啡馆消费的目的上存在较大差异:男性更注重结交朋友(男 55.2%,女 45.1%),而女性更注重消磨时间(男 17.5%,女 21.1%)和品尝咖啡的美味(男 13.3%,女 22.7%)。

在西方社会,“咖啡”是人们的日常消费品,去咖啡馆喝咖啡是人们日常生活的一部分,然而咖啡进入中国,却成了一种特殊的文化,咖啡馆的出现,更成为中国走向西方、面向世界的一个活生生的见证,代表着中国都市经济在迈向市场经济的进程中与西方接轨的一个小场景。人们消费咖啡的需求更多的是停留在“情感消费”层面上,而不是咖啡本身。在现阶段的中国,如雨后春笋般在北京、上海、广州等大都市涌现的咖啡馆,更多的是西化生活和都市新兴阶层的象征，去咖啡馆喝咖啡逐渐与时尚、现代生活联系在一起。因此，中国一般咖啡馆都着重于气氛与情调的营造，而咖啡的品质、口味和服务还谈不上，咖啡馆是以城市生活中的一个中介空间的角色而存在着，它是家与工作场所之间的缓冲地带。基本上，它不是一个工作的地方，但有些商人却会把商场上的伙伴或对手请到这里来洽谈业务，也有些文人墨客喜欢在这里构思创作；它也不是家庭的起居室，但有些人却会把朋友约到这里来聊天，或让自己在里面的一个角落里独处，阅读书报，享受一下悠闲的时光。这些人不约而同地被吸引到城市的咖啡馆来，主要是因为在这里有他们喜欢的氛围——某种与家和工作场所不同的浪漫情调，喝咖啡只是置身其中的仪式，咖啡的品质与口味的好坏似乎已变得不那么重要了。

总的说来，在当前阶段，中国人消费咖啡的频率还很低，并且“情感消费”和“身份表达”是咖啡消费的主要诉求，真正的咖啡消费在中国仍处在草木萌动的阶段。但是，在经济持续发展，人们生活水平不断提高，饮食消费观念、生活习性以及文化思潮多元化与国际化的大趋势下，未来的咖啡消费在中国的发展空间是无可限量的。

关于咖啡的是是非非

“小资语录”有很多，但是关于喝咖啡的却比较经典。比如“我不在家的时候，就在咖啡馆，我不在咖啡馆，就在去咖啡馆的路上”。美国西雅图的星巴克咖啡风靡世界并成为人们的生活方式后，国内喝咖啡的人多起来。但是关于咖啡的是是非非也多起来，它们的是非并非只关乎生活方式和品位，而且与人们的健康有关，而后者是最为重要的。

咖啡与肾结石

咖啡的是非一直比较多，由于它是不少人的生活所需，人们也就忽略不计了。但最近研究得出的一个结论，不得不让人们警惕，尤其是喜欢喝咖啡者。这个研究结果是：多喝咖啡的人更可能患肾结石，所以咖啡不宜多喝。当然，有肾结石史的人和易于患肾结石的人更要注意，因为对于这样的人两杯咖啡中所含的咖啡因量就足以影响他们，使得他们尿中的钙离子分泌增多，从而增加形成肾和尿道结石的危险。

所以肾结石的患者每天的咖啡应当少于两杯或相当于两杯咖啡的咖啡因量的其他食物，而正常人也不能超过这个量的两倍，即四杯咖啡。两杯咖啡的概念是 16 盎司（1 液体盎司等于 2.841 厘升，一厘升等于 1/100 升），换算下来即每天不能超过 0.455 升咖啡。正常人则不宜超过 1 升。当然不能用太大的杯子，因为杯子越大所含的咖啡因就越多。

这个结论是华盛顿州立大学的研究人员得出的。尿中的钙是肾结石的重要组成成分，因而尿中过多的钙可以增加肾结石的危险。尿中钙越多，就越容易形成结石。以往的研究表明，即使未患或不容易患肾结石的人在喝了咖啡或吃了含咖啡因的食物后也会分泌较多的钙在其尿中。

另外美国和加拿大英属哥伦比亚大学的研究人员也对人群进行了调查。他们请 39 名肾结石患者和 9 名从未患过肾结石的正常人在禁食 14 个小时后饮用加咖啡因的水，同时在他们喝咖啡之前和之后 2 小时检测他们的尿液。结果表明，喝了咖啡后，患肾结石的人的尿中钙、钠、镁和柠檬酸盐的浓度增加了，当然在没有患肾结石的人的尿液中这几种物质的浓度也增加了。

尿液中较多的钙和钠意味着患肾结石的危险性增加了，而镁和柠檬酸盐的增加则有保护作用，使人免患肾结石。然而，把钙、钠的增加和镁、柠檬酸盐加以比较，很明显，后者的增加不如前者的多。由于镁和柠檬酸盐不能抵消钙与钠的增多，过多的钙与钠便会导致人们患结石的危险，而无论是否有肾结石史的人。

咖啡增高血压，男女有别

无论是男人还是女人，喝一杯咖啡都有可能增加血压。那么，咖啡增高血压的原理是什么呢？而且，咖啡增加男女血压的机理是否一致呢？有趣的是，研究表明，咖啡可以升高人们的血压，但却有男女差异，尽管升高血压的量是一致的。咖啡中的咖啡因会增加女性的心率和心输出量（心脏搏出血液的量），而对于男人，咖啡因可导致血管收缩。这两种途径的结果都会使血压上升。

研究人员早就知道咖啡可以升高血压，但是新的研究却表明，血压升高的机理在男女来说却是不同的。那么，为什么同样的物质引起相同的效果，但路径或机理会不一样呢？

研究人员发现，对于女性，咖啡因主要是增加心输出量，压迫更多的血液进入血管，以此来升高血压；而对于男性，咖啡因升高血压则是靠压缩血管，增加血管对血流的抵抗力，由此提高血压。尽管咖啡因提高男女两性血压的方式是不同的，但血压的增高量是同样的。这提示，咖啡因对于男人和女人来说都是潜在的健康危险。

此外，咖啡因不仅能升高血压，而且能在人精神紧张时进一步增加精神压力。因此,如果一个人正发展为高血压或已经患有高血压,最好是放弃咖啡或含咖啡因的食物。

研究人员对42名临近绝经的女性和35名相似年龄的男性做了实验,让他们要么服用无实质内容的安慰剂,要么服用含有两至三杯咖啡所含咖啡因量的药片。这些人都身体健康,血压正常,而且是有规律地喝咖啡。

为了诱发精神紧张,研究人员要求这些服用了咖啡因的人在一个视频摄像机和两名身着白大褂的研究人员面前讲话。然后研究人员检测他们的血压。结果发现,咖啡因对男女两性都提高了血压,而且提高男女两性的血压量是一样的。然而,男性对咖啡因的反应是通过血管收缩而产生的,而心输出量却没有变化。女性则没有表现出血管收缩,但心输出量增加了。

研究人员目前还不能解释为什么咖啡因增高女性血压的途径与男性不一样,但他们能解释的是,女性当众讲话会比男性引发更多的焦虑。比起男人来,当女性处于焦虑时,她们会更多地增强其心脏的收缩,也就增加了心输出量。从这个结果来看,咖啡因是增加女性的焦虑和心脏的反应。这就产生了与男性不同途径的增高血压的效果。

从上述几项研究的结果来看,咖啡虽然是一种生活方式和品位,但对于易患结石者、结石患者、易患高血压者和高血压患者都不应多喝,一天不超过1~2杯。而正常人喝咖啡也应有一个度,一天不超过3~4杯。

咖啡的历史

随着第一粒咖啡豆被人们采摘下来、第一次焙烤、第一次研磨、第一次冲调和第一杯热咖啡醇香的飘散,有关咖啡种植和咖啡文化在我们这个小小的星球上传播的传说，已经成为历史上最伟大、最浪漫的故事之一。

有关咖啡起源的传说各式各样，不过大多因为其荒诞离奇而被人们淡忘了。但是，人们不会忘记，非洲是咖啡的故乡。咖啡树很可能就是在埃塞俄比亚的卡发省（KAFFA）被发现的。后来，一批批的奴隶从非洲被贩卖到也门和阿拉伯半岛，咖啡也就被带到了沿途的各地。可以肯定，也门在15世纪或是更早即已开始种植咖啡了。阿拉伯虽然有着当时世界上最繁华的港口城市摩卡，但却禁止任何种子出口。这道障碍最终被荷兰人突破了，1616年，他们终于将成活的咖啡树和种子偷运到了荷兰，开始在温室中培植。阿拉伯人虽然禁止咖啡种子的出口，但对内确是十分开放的。首批被人们称作“卡文卡恩”的咖啡屋在麦加开张，人类历史上第一次有了这样一个场所，无论什么人，只要花上一杯咖啡的钱，就可以进去，坐在舒适的环境中谈生意、约会。

咖啡进入亚洲

阿拉伯人没能将咖啡在亚洲传播开来，荷兰人却做到了！在对外殖民的过程中，他们在印度的马拉巴种植咖啡，又在1699年将咖啡带到了现在印尼爪哇的巴达维亚。荷兰的殖民地曾一度成为欧洲咖啡的主要供应地。目前，印度尼西亚是世界上第四大咖啡出口国。

咖啡进入欧洲

威尼斯商人于1615年首次将咖啡带入了欧洲。到1683

年，欧洲首家咖啡屋在威尼斯开张，而最著名的还要数1720年在圣马可广场开张的佛罗伦咖啡馆，至今还生意兴隆。值得一提的是，世界上最大的保险商——伦敦罗依德公司正是由咖啡屋起家的。

咖啡进入美洲

1668年，咖啡作为一种时尚饮品风靡南美洲，咖啡屋也紧跟其后，分别在纽约、费城、波士顿和其他一些北美城市出现。1773年的波士顿倾茶党案就是在一家名为绿龙的咖啡屋里策划的。今天，著名的华尔街金融区的纽约股票交易所和纽约银行都始于咖啡屋。咖啡首次在美洲种植是18世纪20年代，又是荷兰人最先将咖啡传到了中美洲和南美洲。咖啡由荷兰的殖民地传到了法属圭亚那和巴西，后来又由英国人带到了牙买加。到了1925年，种植咖啡已成为中美洲和南美洲的传统。同年，夏威夷也开始种植咖啡，它是美国惟一的咖啡产地，而夏威夷咖啡也是世界上最好的咖啡之一。迄今，巴西早已是世界上最大的咖啡生产国，占全球咖啡产量的约30%；而哥伦比亚则是第二大咖啡生产国，占全球咖啡产量的12%左右。北美目前是咖啡消费最大的地区，在西雅图，“拉泰”文化重新演绎了咖啡文化的内涵，将独特口味的咖啡、设计精美的咖啡器具与时尚和艺术融合在一起，并风靡世界。

咖啡进入中国

据史料记载，1884年咖啡在台湾首次种植成功，从而揭开了咖啡在中国发展的序幕。大陆地区最早的咖啡种植则始于云南，是在20世纪初，一个法国传教士将第一批咖啡苗带到云南的宾川县。在以后的近百年里，咖啡种植在幅员辽阔的中国也只是“星星点点”。然而，近年来中国咖啡种植和消费的发展愈来愈为世界所瞩目。麦斯威尔、雀巢、哥伦比亚等国际咖啡公司纷纷在中国设立分公司或工厂，为中国市场提供品种更优、价格更优的产品。作为西方生活方式的一部分，咖啡已正式进入中国人的家庭和生活；北京、上海、广州等大城市的咖啡馆伴随着咖啡文化的成长也如雨后春笋般出现，成为青年人新的消费时尚，装点着都市风情。

后　记

作为《民生大讲堂》的一分子，用民生经典个案，以平民化，易认同、易传播的语言讲述如何看待三吧（网吧、酒吧、咖啡吧），是本书的要求和原则。大部分案例是作者通过报纸和互联网搜集而来，由于本书是讲述体例，有的注明了出处，有的采用讲述方式说明，没有用规范化方式注释，在此向原作者表示道歉和感谢。

同时，我要感谢我的导师周运清和武汉大学出版社，没有他们的支持、指导和辛勤的付出，本书的出版是不可能的事情。

由于时间仓促，且作者水平有限，书中难免会有各种不足，真诚欢迎大家批评指正。

曾亚林

2007. 2. 24